中华先锋人物
故事汇

申纪兰
西沟村的幸福花

SHEN JILAN
XIGOU CUN DE XINGFU HUA

马三枣 著

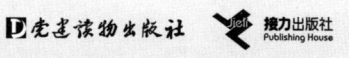

党建读物出版社　接力出版社

图书在版编目（CIP）数据

申纪兰：西沟村的幸福花/马三枣著．—南宁：接力出版社；北京：党建读物出版社，2021.6
（中华人物故事汇．中华先锋人物故事汇）
ISBN 978-7-5448-7241-6

Ⅰ.①申… Ⅱ.①马… Ⅲ.①传记小说-中国-当代 Ⅳ.①I247.5

中国版本图书馆CIP数据核字（2021）第101990号

申纪兰 —— 西沟村的幸福花

马三枣 著

责任编辑：李雅宁 谢洪波
责任校对：张琦锋 王 蒙
装帧设计：严 冬 许继云　美术编辑：高春雷
出版发行：党建读物出版社 接力出版社
地　　址：北京市西城区西长安街80号东楼（邮编：100815）
　　　　　广西南宁市园湖南路9号（邮编：530022）
网　　址：http://www.djcb71.com　http://www.jielibj.com
电　　话：010-65547970/7621
经　　销：新华书店
印　　刷：中煤（北京）印务有限公司
2021年6月第1版　2022年10月第4次印刷
787毫米×1092毫米　32开本　5.25印张　70千字
印数：21 001—27 000册　定价：25.00元

本社版图书如有印装错误，我社负责调换（电话：010-65547970/7621）

目 录

写给小读者的话 …………… 1

太行深处 …………………… 1
好把式 ……………………… 5
山地女娃 …………………… 11
一支纺花锭 ………………… 17
大花轿 ……………………… 25
曙光在前 …………………… 29
今夜月儿明 ………………… 35
接生箱 ……………………… 39
下地 ………………………… 45
荒山狼 ……………………… 53
谁说女子不如男 …………… 57

领头雁·················65

两个苹果···············73

外面的世界··············79

小花背的春天·············87

相聚··················95

猪倌儿················101

好管家················107

泉眼无声···············113

劳动本色···············121

申主任的烦恼············127

亲人·················131

金钱与浮云·············137

芝麻开花节节高···········141

幸福花················147

纪兰精神···············151

写给小读者的话

亲爱的小读者,我常常想,人活着是为了什么?思来想去,答案很简单:为了追求幸福。可是,什么是幸福呢?每个人的回答都不一样。

在太行山深处,有个西沟村,那里曾经有位年过九旬的老奶奶,名叫申纪兰。她用双脚在田间地头踏出了一条幸福的人生之路。看看申奶奶走过的足迹,她的确是个普普通通的农村妇女,然而,就是这样一位普通得不能再普通的中国农民,却创造了人们无法想象的奇迹——

新中国成立初期,申奶奶带领妇女从锅台走向田间,在封闭贫瘠的小山沟争取"男女同工同酬",她最先举起这面具有世界意义的旗帜,是中国妇女解放的先锋。

从一九五二年第一次被评为全国农业劳动模范开始，在几十年起伏跌宕的政治风浪里，申奶奶"劳动模范"的光荣称号始终不褪色。

从一九五四年当选第一届全国人大代表，到二〇一八年当选第十三届全国人大代表，申奶奶是全国唯一从第一届连任到第十三届的全国人大代表。

从一九七三年至一九八三年，申奶奶当了十年山西省妇联主任，她竟然执意不转户口，不定级别，不拿工资，不要住房，不离开西沟村，不脱离劳动，一直耕种自己的责任田。

作为普通农村妇女，申奶奶三次受到毛泽东主席的亲切接见，到周恩来总理家做过客、吃过饭，和邓小平一起照过相，江泽民曾经握着她的手，称她是"凤毛麟角"。胡锦涛、习近平等党和国家领导人还到西沟村看望过她。

在申奶奶的带领下，昔日贫瘠的西沟村变得美丽了、富裕了，老百姓过上了幸福的日子。

写给小读者的话

新中国成立七十周年的时候，习近平总书记为她颁发了共和国勋章。首批的八位共和国勋章获得者中，有科学家，有战斗英雄，还有诺贝尔奖获得者，只有申纪兰是个普普通通的农民。面对荣誉，申奶奶幸福地笑了，她说："我是个普通的劳动妇女，从小就爱劳动。我父亲走得早，留下我娘和我们三姐妹，家里没有劳力，生活难过。五六岁我就开始帮家里干活，送饭、拉牲口、拾柴火、拾粪，反正能干甚就干甚，手脚不停着，劳动倒成了脱不开手的习惯。"

如今，虽然申奶奶已经永远离开了她深爱的故土，但是，当你翻开这本书的时候，你会看到，在她的汗水浇灌下，幸福的花朵绽放在太行山深处……

太行深处

苍茫的太行山脉,如同一道脊梁,纵贯华北腹地,耸立于北京、河北、河南、山西四省市之间。这条山脉是古老的褶皱山脉,断崖明显,地势险要,荒凉和贫瘠是太行山区留给世人的第一印象。

山西省平顺县坐落于太行山区深处,山头光秃秃的,只长石头,少见花草树木。一九三四年的深冬腊月,北风呼啸,寒鸦悲鸣。寂静的杨威村,木车轮碾轧在坚硬冰冷的土地上,传来咕隆咕隆的声音,一头瘦驴拉着一挂破车缓缓走出村口。车上坐着苦命的娘儿几个——武金香和她的两个女娃,大的五岁,名叫宋纪兰,小的坐在娘怀里。

小纪兰的爹宋进水，原本是杨威村庄稼地里的好把式，虽说日子过得苦兮兮，但勉强也还熬得过去。爹每日劳作回来，娘做好了饭菜，小纪兰和妹妹围着爹嬉闹，爹的疲乏烟消云散，一家人其乐融融。可没想到，宋进水正当壮年，却患了重病，久治不愈，撒手人寰。

武金香带着嗷嗷待哺的弱女，生计无着，父老乡亲隔三岔五送来半碗小米、几颗土豆，她们的日子过得很是凄惨。族里的长辈见纪兰娘年纪轻轻守了寡，苦日子没个头儿，便劝她改嫁，另寻一户好人家。娘担心娃儿会受罪，总是不松口，可是后来日子实在撑不住了，她终于点了头。小脚媒婆领来一位先生，山南底村的申恒泰。他是乡村郎中，走村串户，见多识广。武金香看到他慈眉善目，手艺在身，一辈子饿不着，就应允下来。

驴车拉着娘儿仨，出了杨威村，在寒风中颠簸，走向山南底村。

北风渐渐小了，雪花飘然而下，落在娘的碎

花棉袄上,久久不化。

小纪兰仰脸望向阴沉沉的天空:"娘,啥时候下大雪呀?咱们堆雪人。"

娘拂去她头上的雪花,苦笑着,没有答话。

刚到山南底村口,小纪兰发现角落里有个白皑皑的大雪堆,欢快地拉着妹妹站起来,被娘一把按住,又坐下了。雪花纷纷扬扬,下得更大了。村里人家的房顶上冒出袅袅炊烟,和雪花交织在一起,真好看。

村口的老槐树下,申恒泰双手揣在袖筒里,正在张望。一见到娘儿几个,他赶忙迎了上来,引着驴车到自家院落前停下,抱下小纪兰,又接过武金香怀里的小妹妹,搀着武金香下了车,进了热乎乎的屋子。左邻右舍都来道贺恭喜,场面真热闹。武金香一转脸,发现小纪兰不见了踪影。她急忙到院外找,纪兰正和几个男孩堆雪人呢。

娘喊:"兰儿,回来!"

"还没玩够哩!"她头也没回。

娘只好拽她回到屋里。

娘揽着她的脑袋，把她推到申恒泰跟前，郑重地说："快喊爹，喊爹爹！"

小纪兰放大声音，稚嫩地喊了一声："爹——"

申恒泰摸着纪兰的头，乐得合不拢嘴，转过头来，却有些迟疑，有话要说似的。

武金香说："咱们是一家人了，有话直说。"

"按乡里人的礼数，你嫁到咱申家，带过来的娃儿，从今往后，就都得随申家的姓了。"

武金香爽快地说："往后这两个娃，都是你的亲闺女了，当然都得姓申了。"

从这天起，宋纪兰改了姓，叫作申纪兰。

好把式

山南底村,山道弯弯,坡岭相连。虽说秋冬时节荒凉肃杀,但每到初春,冰雪消融,山间溪水叮叮咚咚,清亮悦耳。这时候,草木萌发,山野翠绿,到处生机勃勃。

申恒泰背上蓝布褡裢,要上山采摘草药,小纪兰蹦着跳着也要去。

"山上危险,你可不行。"申恒泰伸手比量着小纪兰的身高,还没到大人的腰部呢,"你这么小的娃,狼最爱吃了,一口一个。"

爹的话够吓人的,却不是假话。深山野岭,野猪、孤狼时常出没,而要采到名贵草药,必须钻进荒山老林。身后跟个小女娃,他怎么放心得下呢？他对纪兰姐妹视若己出，尤其对这个聪明伶俐又胆大包天的纪兰，更是倍加疼爱。

娘见小纪兰缠着爹不肯撒手，就用好吃的东西吸引她，爹就趁机出了门。

申恒泰念过两年私塾。他无心于农桑，而是志在扁鹊，心慕华佗，盼望自己能像一代名医那样，悬壶济世，治病救人。他找来《黄帝内经》《本草纲目》《医宗金鉴》等中医药典籍，细细研读，悟得几分医理，还三天两头跑到平顺县城，寻访名医，虚心求教。每回进城，他都不忘带上几包自己采挖的各色草药，作为给城里医生们的回报。钻研了许多年，他治愈了不少病人，在十里八村小有名气。

在申纪兰的记忆里，继父申恒泰一生勤勉，终日忙碌。无论刮风下雨，还是严寒酷暑，一听说有人生病，继父就让把病人送来，如果病人行动不便，他二话不说，挎起医药包就急匆匆地奔去病人家。他对病人一向和颜悦色，从来没有丝毫怠慢。很多时候，遇到家境贫寒的病人，连几个铜钱都拿不出来，他就一笑了之。继父重医德轻钱财的高尚人品，备受乡邻称道。

耳濡目染，继父的勤劳精神和重德轻财的好品质，深深沁入申纪兰幼小的心灵。在她漫长而又丰富的一生中，她粗糙的手掌和宽厚的大脚板，始终就是不肯停歇下来。金钱对她而言，是不值一提的身外之物。

小纪兰过了十岁，个子比同龄女孩高一头，在山南底村的孩子里，显得特别出众。继父总是不得闲，一天到晚忙于瞧病出诊，再不就是上山采药，晾晒研磨。娘呢，房前屋后种瓜栽菜，里里外外操劳忙活，还养了两头猪几只鹅。已经有了一把力气的申纪兰，帮着娘照料妹妹，喂猪养鹅，整天跟在娘的身后，看娘怎样耙田怎样撒种，何时翻地何时施肥，到她自己挽起裤管下地劳作的时候，一招一式，有板有眼。

继父申恒泰脑子活泛，没有老辈人那种"传男不传女"的旧思想，很乐意把医术传授给这个闺女。这时候，纪兰要跟他上山采药，他也不阻拦了，只是没敢带她到险要的去处。

山路上，申恒泰一边采挖，一边给她讲解，

这个是黄芪，那个叫半夏。纪兰开了眼界，认识了黄花、前胡、忍冬，还看到了何首乌的那副怪样子。山林中的奇异景观，更是令她陶醉。

"爹，野猪啥时候出来呀？狼在哪里呢？"她一个劲儿地问。

她越是想看见野狼和野猪，就越是不见它们的踪影。倒是那些叽叽喳喳的山雀、黄莺、斑鸠、石鸡，时而飞过山头，停在树梢，对着小姑娘啾鸣欢叫，仿佛在对她诉说着什么。

孩子终究是孩子。爹手把手教纪兰认识的草药，她很快记住，也很快就忘记了。爹告诉她什么草药能治什么病，她虽也点头，却是懵懵懂懂，没在心里留下什么印象。不过，田地里的农活她却牢记不忘，她打心眼儿里喜欢做农活，一天不下地就无精打采，到了田里就活蹦乱跳。

夏日，园子里瓜熟蒂落；秋天时，漫山遍野金黄灿烂，收获的季节到了。这时候，申纪兰更体会到了辛勤劳动带来的喜悦。

然而，天有不测风云，纪兰十二岁那年，比她大十多岁的哥哥突发急病而亡。白发人送黑发人，申恒泰一下子就垮了，整日呆坐在八仙桌旁，思念生龙活虎的亲生子，恨自己学艺不精，医术不纯，连至亲血肉也没救过来。

申家失去了壮劳力，十几亩土地面临没人耕种的困境。申纪兰便承担起了家中男丁的责任，开始了在田间艰苦劳作的农耕生活。十二三岁，犁耧耪耙、耘种搂锄等农事农活，她样样拿得起放得下，做得井井有条。

继父申恒泰对田里的事，可谓两眼一抹黑。郎中的闺女虽然没有继承医道，却是田里的好把式，这是农家人最看重的养家糊口的真本事，爹娘很欣慰。

山地女娃

太行山极富传奇色彩。传说中的"愚公移山",移走的就是太行、王屋二山。抗日战争时期,刘伯承、邓小平指挥的八路军一二九师师部就驻扎在这里。然而,这里常常发生旱灾、蝗灾。

一九四二年,春夏大旱,入秋后又大涝,给太行山区带来巨大灾难。大灾荒压得百姓喘不过气来,没想到,第二年,平顺县又发生了严重的蝗虫灾害。漫山遍野的庄稼地里,大片的蝗虫啃咬青黄的茎秆,吞噬穗粒叶片。抗日民主政府紧急动员,全县各村组织救灾队伍,奔赴灾区灭蝗。

山南底村也接到了灭蝗任务。按照上级要求，每家每户都要出一个劳动力。一时间，村里人声鼎沸，家家户户都等着一声号令，集体出击。

在这火急火燎的时刻，村干部却犯了愁。其他人家出劳力都没什么问题，只有申恒泰家有点麻烦。郎中申恒泰一直忙于医病，对农活根本不在行。村干部犹豫再三，对大家说："郎中医术高超，为人厚道，救过许多人的命，家里只有婆姨和女娃。这回呀，他家实在出不了劳力，也就免了吧。"

村里的灭蝗队伍开始集结，浩浩荡荡准备开拔了。申恒泰家里没出劳力，面子上挂不住，他没好意思出门，止不住连声叹气。

这时候，十四岁的申纪兰猛地站起来："爹，娘，村里让每家出一个劳动力，咱家不能落后，我要去！"

娘说："咱家没有壮劳力，村里谁都知道，没谁逼咱非去不可。你个女娃，路又那么远，一去那些天，怎能受得了？"

"就是去灭个蝗虫，能受成个甚？"申纪兰满不在乎。

"你去，家里就是不放心。"爹说。

"我干了干不了，你们又不是不知道！"申纪兰比量着门闩说，"你们瞧，咱比这门闩高出这么多呢，早就不是个小娃儿了。"

娘是女人家，说什么也不答应。

爹深思半晌，终于开了口："老戏里有花木兰替父出征，看样子，咱老申家要再演一回了。娃她娘，让娃吃点苦头，兴许将来受益无穷呢。"

申纪兰顿时欢呼雀跃。

灭蝗救灾队伍里，妇女只有几个，申纪兰年龄最小。十几天里，每天要走几十里山路，在梯道上爬上爬下，翻山越岭，风餐露宿，吃没地方吃，住没地方住，连许多成年人都吃不消了，她却始终没有叫一声苦，喊一声累。

蝗虫飞起来，铺天盖地，如同飞速移动的乌云，刹那间漫过头顶，延绵数里，遮天蔽日，嗡嗡嗡，震耳欲聋。蝗虫降落在庄稼地里，嗡嗡巨响就转换成咔嚓咔嚓的啃咬声，转眼间，绿油油的庄稼地就变得一片荒芜了。

申纪兰被安排在扑打组,众人一字排开,扑打着向前推进。

村干部提醒她:"你得学学那些大婶,用汗巾遮脸。蝗虫密密麻麻,撞到你嫩嫩的脸蛋上,划出口子留下疤,将来就嫁不出去了。"

申纪兰朝四野望去,果然,妇女们的脸上都罩着汗巾或薄纱,保护面部和眼睛。可是,她一直是风风火火的性格,没把这些琐事放在心里。

"去找毛巾来护脸,得耽误多少工夫啊!咱是来灭蝗虫的,又不是来护脸的。"她又跟随众人去扑打蝗虫了。

抗蝗战斗大有成效,蝗灾势头蔫下去了。这么多天苦拼下来,男人都累得够呛,女人更是吃不消。县里通知参加灭蝗的妇女,家里有事的,或是身体扛不住的,可以提前回家休息。婆姨们欢喜,大呼小叫,三五成群,乐颠颠回家了。

村干部发现,灭蝗队伍里年龄最小的一个女娃竟然没有走,还在忙前忙后。

"娃儿,赶紧收拾东西,还能赶上她们,路上也有个伴儿。"村干部催她。

申纪兰说:"这么多人一起干活,有说有笑,好玩着哩!"

这娃儿的话,逗得大家都笑了。

就这样,等到下一批轮换的乡亲来接替他们了,申纪兰才听从安排,背起行囊,回到山南底村。

回到家时,申纪兰衣服破了,头发乱了,脸花了,人也瘦了一圈儿。她带回来一身疲惫,也带回来一份勇气和自信,更带回来了成功者的自豪。

娘拉起她带着伤痕的手,心疼地抚摸着,眼圈红了。

纪兰抽出手,讲起了消灭蝗虫遇到的险事趣事。她讲得眉飞色舞,娘听得一阵心惊一阵笑。

晚间,村干部来到申家:"村里商定了,虽说纪兰是女娃儿,但顶得个爷们儿,这回须得给纪兰奖励!"

女儿得到夸奖,爹娘心里美滋滋的。申纪兰感到很光荣,这在山南底村是少有的事。

这次灭蝗行动，是个重要起点。后来，申纪兰说到自己的收获，那就是"路长不过脚，困难大不过人"。此后，十四岁的申纪兰积极走出家庭，投入到支援抗战、支援前线的社会活动中。

一支纺花锭

申纪兰忘不了自己勤劳的双手赢得的第一份奖品——一支纺花锭。

你知道什么是"锭"吗?这东西是纺车上的一个机件,纺棉花离不开的工具,硬木制成,中间粗,两头细,纺出来的棉线就缠绕在纺花锭上。

那是一九四四年,山南底村成立了妇女救国会。每当夜幕降临,繁星满天,妇救会的窑洞里就会点亮油灯,摇曳的灯光映照着妇女们专注的脸庞。妇救会主任龙月秀向大家传达根据地政府的新政策、新法令,还有革命的新形势,传播妇女解放、男女平等、婚姻自由的新思想。

龙大姐喜欢申纪兰，夸她勤劳上进，经常叫她去参加会议。在那小小的窑洞里，申纪兰年龄最小，热情却最高。会上讲的，都是她没有听过的话，那段日子里，她第一次接触到了这些新思想，眼睛里闪动着兴奋的光芒。

这一年，为了支援前线，村里成立纺花组，申纪兰立即报名参加。

回到家，她一迈进门槛，就兴冲冲地说："娘，我参加了纺花组！"

娘瞅她满脸兴奋，就提醒她："纺花可是个需要技术和耐心的细致活计，要不得毛毛躁躁、粗手笨脚。"

这可是个天大的难事。从小到大，申纪兰只顾干地里的粗活儿，多苦多累她都不怕。可是，娘没教过她做针线活儿，连简单的缝补衣裳她都没做过。

第二天，申纪兰就愁眉苦脸地找到龙大姐。

龙大姐安慰她："主要是精神，做什么事靠的都是肯吃苦的精神。"

听了这话，纪兰又鼓起劲来了，她信心满满

地说:"只要是人能做的活儿,就难不住我!"

到纺花组报到的第一天,她一点儿门道都摸不着,眼看着别人纺得又多又好,自己干着急没法子。这真是个巧活儿,不是使多大力气就能做好的,力气大了,线头就断了,她急得直跺脚。她个子高,脚也大,那扑通扑通的跺脚声,引来姐姐、婶婶们的注意,这个教她一个技巧,那个提醒她一个动作。可是,那不是一下子就能掌握的。别人干完活儿回家了,她自己留下来,加紧练。吃完晚饭,她抬屁股就走,再去练。手臂累得酸疼,她就伸展几下胳膊。

唉,真不如到山里去灭蝗,到庄稼地里去翻土浇水。这精细活儿难住了申纪兰。然而,路长不过脚,困难大不过人。想起自己曾经战胜过那么多困难,想起龙大姐的信任,她就咬牙挺住了。

半个月后,申纪兰慢慢摸出了门道儿,纺花的速度一下就快起来了。

到了第三个月,她纺的线最多最好,得了纺花组的第一名,被选为组里的纺花模范。

在全县庆祝三八国际妇女节大会上，申纪兰戴上大红花，受到表扬和奖励，奖品是一支纺花锭。这是她生平第一次站在大会台上被授予荣誉。那一年，她十五岁。听着热烈的掌声，望着台下赞许的目光，她心里暖烘烘的，感到无限荣耀。

会后，龙大姐拉着她磨出了茧子的手，问："纪兰，有什么感想啊？"

"劳动就是好！"她激动地回答。

"怎么个好法？"龙大姐笑吟吟地追问。

申纪兰想了好半天，回答不上来。

后来回想起来，申纪兰说："劳动不仅能改变一个人的境况，还能鼓舞一个人的志向。"

一年后的一个夜晚，窑洞里在开会。

油灯映照下，龙大姐满面春风："告诉你们个好消息，日本鬼子终于投降了！"

妇女们高兴极了。

这时，龙大姐眉头微皱，又说了个坏消息。国民党在日本鬼子投降后不久，突然对解放区发动进攻，占领了很多地方，中共中央决定夺回解放区。作为战斗的后援,平顺县政府组织了几千人的运输队,以保证前线物资运输。平顺县所辖的几个被服厂人员吃紧,所有的织布机日夜飞转,还是供不上需求。县里成立了纺织指导所,让各村选派妇女去学织布,然后再回村推广。

大家推选申纪兰去学习,她年纪小,没有家务拖累。

申纪兰赶忙说:"织布和纺花不一样,是新技术,我笨手笨脚,学不来,怕误了事,我去运输队吧。"

龙大姐说:"纪兰,要在最需要的地方出力,我看你能行。"

望着龙大姐鼓励的目光,申纪兰硬着头皮答应了。

到了纺织指导所,管事的见她个子高,手脚勤,又是纺花模范,就让年龄最小的她当了班长。

她这个班长,不但不会织布,就连浆线、络线、经线都分不清,只能又像学纺花一样死学硬练。当班长就要带头,在织布技能上带不了头,在精神上一定要走到前头。

天蒙蒙亮，她就起了床，打水、打饭、打扫卫生。

管事的劝她："歇歇吧，这些事可以大家轮流做。"

她一边忙活着，一边说："能多出力就多出点力，力气又使不完。"

坐到织布机前，刚开始，她的断线很多，断了又不会接。她抓着线头，眼泪直往上涌。她低着头，心想：别人都嗵嗵嗵织布呢，我却在流泪，真丢人！哭顶什么用呢？眼泪是最没用的东西，还是好好学习吧！

纪兰忍住泪水，去请教工人师傅。

师傅领她到别人的织布机旁，说："你别急，先看看人家是怎么织布，怎么接线的。"

别人都比她大，把她当自家的孩子或妹妹，耐心教她。三个月后，她就把织布的全套技能学会了，织出的布细密结实，被当成了样品。

师傅使劲抻了抻她织的布，高高举起，说："大家瞧一瞧，这么结实的布，咱们前线的战士穿在身上,刀枪不入!"

姐姐、婶婶们都笑,仰头看布,也向申纪兰投去赞许的目光。

这是申纪兰熟悉的目光。她想起了那支纺花锭,那天,她站在领奖台上,望见的就是这样的目光。申纪兰不好意思地笑了。

回村后,村里成立了织布小组,让申纪兰担任小组长,为全村妇女推广织布技术。这回,申纪兰一点儿都不怕了,从不会到会,她全经历过了,再教别人就不难了。

龙大姐说:"纪兰,你这么小的年纪,就做了师傅,了不起呀!"

申纪兰说:"我当初要是去了运输队,现在还是笨手笨脚呢。"

这一年,村里发动妇女到工厂纺羊毛。选上的妇女先到工厂学几天,学会了领上羊毛回自己家里纺,纺完交了线,再领上羊毛回去纺。这次,申纪兰又参加了。

纺羊毛比纺花难,捏得紧了,线抽不出来;捏得松了,是疙瘩蛋。这是个磨人的活儿,要有耐心，又要善用巧劲儿。申纪兰有了前两次的学习经验，很快就学会了。

　　毛线软绵绵、沉甸甸的，申纪兰抱着一大捆毛线，走在山村的土路上。阳光暖暖地照着，她的额头上冒出了汗珠，一颗一颗，亮晶晶的。

大花轿

一九四六年秋天，丰收的喜悦刚刚过去，漫山遍野，金风飒飒，终日忙碌的农人可以歇口气了。山南底村的郎中申恒泰家里却开始忙活起来——大闺女申纪兰要结婚了。

两年前，媒人给介绍的，男方是平顺县西沟村老张家的，名叫张海良，一位八路军战士。申纪兰听说男方是八路军战士，所以人还没见过面，心里早就应允下来了。

申纪兰天生有股豪气，打小就天不怕地不怕，这一年多来又经历了灭蝗大战，搞生产还戴上大红花，登上主席台领过奖，跟县上的领导、八路军的首长也都握过手，说过话，心里蕴含着深厚的英雄情结。她对英勇的八路军战士有一种本能的爱慕。

张家早就知道大名鼎鼎的申纪兰，说这是天作之合，于是，选了吉日良辰，送来聘礼，两边的亲眷聚在一起，放了几挂响鞭，申纪兰和张海良定亲了，自此，申纪兰成为西沟村张家未过门的儿媳妇。

两年来，申纪兰怀着美好的憧憬，在支援前线的劳动中，出落成了一个标致的大姑娘。

入秋的一天，纪兰收工，刚进家门，爹爹喜滋滋地告诉她："大喜事啊，张海良从部队上回来探亲了。"

申纪兰脸上飘过一片红晕，急忙躲进自己的小屋，对着镜子，凝视自己。那在梦里经常相逢的夫婿，如今就要相见了，她的喜悦油然而生。

张海良的爹娘托媒人带了口信，这次张海良从部队回来，为的就是迎娶申纪兰。高兴之余，申纪兰觉得有些不妥。这些日子，她从村干部口中听说，部队战斗十分吃紧，别人打仗流血呢，他倒回来结婚了，该不是不肯吃苦打仗，故意躲回家来享清福吧？哼，张海良可能是当了逃兵！

一向把名誉看得比生命都重要的申纪兰，越想越后怕。她跑去找村长，拜托村长跟区里打听个明白。

原来，这些日子，部队刚刚打了胜仗，有一小段休整时间。部队领导考虑到张海良年岁大，他那未过门的媳妇，还是个抗战支援前线的积极分子，就特批给他十天假期，回家迎娶新人，好早日生个大胖小子，让革命事业后继有人。申纪兰的忧心这才烟消云散。

选定了日子，新娘子申纪兰终于蒙上红盖头，乘坐一顶带锦缎红绸的大花轿，在鞭炮声和鼓乐声中，由迎亲的队伍簇拥着，出了山南底村，悠悠晃晃，浩浩荡荡，顺着山道走了近二十里路，到了西沟村张海良家中，终于见到了新郎官。张海良身板高挑，是个精壮汉子，脸色微黑，身手矫健，一看就是个在队伍里经过千锤百炼的革命战士，申纪兰心中欣喜无比。

遗憾的是，没过几天张海良的假期就满了，必须按时归队，重返战场。

作为军属,申纪兰感到无上光荣。前几天的婚礼上,县民政科领导、区里的干部,还有西沟村的干部纷纷来贺喜,都令她备感责任重大。

她觉得,自家男人必须在部队上多打胜仗,长久保持这份荣誉。她对丈夫说:"你在部队上凡事都要走在先,要多立功受奖,有了什么好消息,马上写信告诉家里。"

为了减少绵长的思念,申纪兰投入到如火如荼的支援前线的工作中,和乡亲们给部队送衣、送鞋、送军粮。

曙光在前

平顺县地处太行山腹地，山连山，山套山，群山锦绣。虽然名字叫"平顺"，却不平也不顺。历史记载，明嘉靖年间，这里有人揭竿而起，拉起队伍造了反，震惊朝野。后来，官府平息了起义，这里被皇帝赐名为"平顺"。

西沟村在平顺县城以南七公里，是个平凡的小山村，却在新中国成立前，发生了不平凡的事情——出现了一位农业生产的带头人，名叫李顺达。

李顺达老家在河南，家乡遭了灾荒，爹娘带他逃难来到山西。山里人淳朴善良，对难民很关心，借给他家口粮，分给他家土地。李顺达对西沟村充满深情。

抗战时期,西沟村被晋冀鲁豫边区政府表彰为"劳武结合模范村",李顺达被平顺县抗日政府表彰为"劳武结合英雄"。李顺达组织西沟村农民成立了互助组,这是全国成立的第一个农业生产组织,名为"李顺达互助组"。

申纪兰嫁到西沟村,成了互助组里唯一的女性。

她劳动不惜力气,有人劝她:"纪兰,别累坏了身子。"

她说:"你把我当男人就对了,张海良在外面流血打仗,家里的天我得顶起来。"

一九四九年,春节刚过,西沟妇救会主任郭玉芝找到申纪兰,握着她的手,说:"你真是个好媳妇,山南底村妇救会主任龙月秀几次向我推荐你呢,说你聪明能干,肯吃苦,你应该积极参加革命啊!"

面对太行区"生产互助一等英雄"李顺达的母亲,申纪兰紧张得说不出话。

郭玉芝问:"你愿不愿意参加西沟妇救会?"

申纪兰说:"很愿意,但不知能干些什么。"

"你男人当兵打仗,要解放全中国了,你在家里也要努力啊,为咱们妇女争光。"

其实,申纪兰早就想参加西沟妇救会,但西沟太先进了,她怕自己干不好,现在听郭玉芝这么说,她赶忙答道:"行,婶儿,你说行,我就什么都不怕了!"

申纪兰第一次参加西沟妇救会的会议,地点就在李顺达家。

会议一直开到傍晚,天擦黑了,别的会员离家近,都回去了。申纪兰家离得远,郭玉芝一定要留她吃饭,哄她说:"吃完饭,还有事找你呢,你就留下吧。"

这时,李顺达也回来了。按辈分,申纪兰习惯了管郭玉芝叫婶儿,李顺达一进来,她有些紧张地喊了声:"顺达哥。"

李顺达憨厚地笑着,说:"申纪兰,我早就知道你了,纺花模范,支前能手,还是山南底村妇救会的积极分子。"

申纪兰不好意思地瞅瞅郭玉芝。

"别站着,坐。"郭玉芝拉着申纪兰坐下。

李顺达洗掉手上的泥巴,坐到桌前:"我娘能找到你这个帮手,高兴得嘴都合不拢了。"

吃饭时,他们谈到有些村民对妇救会、互助组说三道四,对妇女走出家门闹革命,更是横挑鼻子竖挑眼。

"你参加革命,是光荣的事,纪兰,用不着看谁的脸色,等咱们带领大家过上幸福的日子,就没有那么多闲话了。"李顺达指指饭菜,"快吃快吃,咱不能饿着肚子干革命。"

李顺达的一番话,让申纪兰又惊又喜。有郭玉芝和李顺达在前面引路,申纪兰在妇救会的工作干得更起劲儿了。只要妇救会有活动,她都会早早赶到。刮风下雨,急活难活她都能上。在申纪兰的眼前,仿佛展现出一条宽广的大路,旭日正在冉冉升起。

一九四九年十月一日,中华人民共和国成立,西沟妇救会组织妇女穿新衣、插红旗、扭秧歌,在平顺县聚会,欢庆新社会的到来。

这年冬天,又有一件事情震动了西沟村,那

就是李顺达在北京见到了毛主席。一个山里的农民能走出去那么远,走到北京去见毛主席!一想到这些,申纪兰身上就有使不完的劲儿。

今夜月儿明

新中国刚成立的时候，曾经发生过这么一件事——

一封紧急密信送到某村长手上。村长不识字，连夜挨家敲门找人来读，可村里识字的人太少了。终于，村长找到了一个号称"秀才"的村民，"秀才"看完信，胡编了个内容读给村长听。村长走后，"秀才"马上就逃跑了。原来，这是一封追凶密信，信中让村长监控的嫌疑人正是那个能识文断字的"秀才"。

这个真实故事的背后，是一个严峻的现实：新中国成立时，百分之八十的人不识字。中国人民在政治上翻了身，但是如果不识字，做睁眼瞎，不能在文化上翻身，就不能彻底翻身。

为此，毛主席下定决心，要迅速改变这个面貌。新中国成立初期，全国城乡掀起扫盲高潮。扫除文盲的标准，就是干部和工人认识两千字，能写二三百字的应用短文；农民能识一千字，大体上能阅读通俗书报，能写常用的便条、数据；城市劳动人民能识一千五百字。

西沟村成立了夜校，请来小学老师教村民学文化。

晚饭后，大家纷纷向夜校走去。

路上，调皮的年轻人开起了老师的玩笑。申纪兰赶忙制止："要尊重咱老师！学了文化，认识字，走遍天下也不受憋。"

夜校给每人免费发了一个本子、一支笔，昏暗的油灯下，老师握着教鞭，教大家认黑板上的字，大家跟着唱笔画，手在空中乱舞。多数人看不懂什么是横竖撇捺，脑子里一团糨糊。

小时候，申纪兰跟爹学过识字，但是应付不了妇救会的工作，她尝到了没文化的苦头。上级下发文件、通知，都要别人口授，她凭脑子硬记，一不小心就会弄出差错。申纪兰是夜校最认真的学员，上课用心，回家用功。老师让抄写一行的生字，她加倍，抄写五行、十行。白天劳作一天，晚上又有家务活，写字时困得不行，她常常熬到深夜才睡下。

日积月累，申纪兰认的字越来越多，能读报纸上的文章了。

这天晚上，轮到申纪兰到学习小组读报，《人民日报》社论她都完整连贯地读下来了。望着报纸上密密麻麻的方块字，她心里不再迷惘，眼前亮堂堂的，有一种甜滋滋的感觉涌上心头。

回来的时候，申纪兰沿着村路走，一边走，一边从树枝间望向夜晚的天空，觉得很好看。瞧，那轮秋月已经升到中天了。她从杨树已经落光了叶的枝丫间望着月亮，感到今夜的月亮那么圆，它在用全部的力量发光。月光洒在村路上，真是明亮，铺出了一条银光闪闪的大道。

她一边走，一边从一棵又一棵杨树的枝丫间望向天空，感到今夜的天空，好像蓝蓝的河水，发亮的蓝色的河水。有许多白色的云，从四面幽暗的山峦后面飘过来了。

她走到自家的院门口,站住了。她看见天上的云,有的被月光照得好像积雪的山峰,有的像白色的山峦,有的像发亮的正在移动的羊群。

这时,申纪兰心里想:这月亮好极了,有了它,夜空中的一切才都发亮了;识字呢,也好极了,让我的眼睛和心灵都明亮起来。

接生箱

那一天，天色已暗，飘着细雨。

申纪兰从地里拔出泥腿，在沟里洗净，收工回家。走到村口，她听见一个妇女凄厉的喊叫声。她疾步走近，才知道是村里的兰花大姐难产，不能顺利生下娃来，在痛苦地喊叫。

走进兰花家，申纪兰见到兰花那老实厚道的丈夫，听着媳妇的喊叫，慌得六神无主。虽然请了接生婆，可是遇上难产，接生婆也束手无策，产妇耗尽了气力，但是娃就是生不下来。

兰花大姐面色惨白，满头汗水，她那夹着粗重喘息声的尖厉哭叫，钢针似的刺得申纪兰心头发寒。这时候，接生婆已是无计可施，建议赶快把产妇送到县医院。申纪兰赶紧从合作社借来一头毛驴，和兰花的丈夫一起火急火燎地把产妇送到县医院。然而，因耽误的时间过长，兰花失血过多，带着腹中的胎儿一同离开了人世。

兰花死了，她的丈夫失声痛哭，申纪兰也跟着流泪。不过，她意识到，仅仅以痛哭流涕的方式来表达对姐妹离世的伤痛是不够的，如何让这样的悲剧不再重演，才是她更应该思考的。

过去的西沟村，妇女生孩子都是自生自接。孩子生下来，产妇精疲力竭，还要自己拿家用剪刀把孩子的脐带剪断。即使请来接生婆，也是用同样的方法，没有卫生消毒措施，受感染者十有八九，新生儿得破伤风的更是普遍，这是个严重的问题。

琢磨了好多天，申纪兰悟到，自己也是女人，为妇女解决孩子接生的问题，减少痛苦是她的重要任务。她把自己的想法告诉了组织，并提出建议，县里如果能够举办接生培训班，她一定报名，学成后要义务为十里八村的产妇接生。

县里接受了她的建议，办起了新法接生培训

班。申纪兰在培训班学了一个星期。虽说她的继父当年是十里八乡有名的郎中，可是她却没有继承继父的医术。其实，继父曾经想好好地将自己的医术传授给她，无奈，小时候的申纪兰根本就没往心里去，与继父的医术失之交臂。如今到了培训班，初步了解到医学知识，学习了接生的技术，她才隐隐有悔不当初的遗憾，真是"书到用时方恨少"。所以，她在培训班里极为用功，虽然文化程度偏低，但她可以付出比别人多两三倍的时间来苦学。遇到不明白的问题，她就虚心请教，哪怕老师都被问得不耐烦了，她还是紧追不放，总是要把一个个动作、一个个步骤记得烂熟于心，才肯罢休。

她还观摩了医院为产妇接生的过程，学到了新生儿脐带的消毒包扎、产时卫生和产后营养等相关知识。临走时，医院给每名学员发了一个接生箱，里面有剪刀、镊子、纱布、药棉、酒精瓶，什么都有，好多东西以前她都没见过。

申纪兰成为新中国成立后，山西省平顺县自己培养的第一批年轻接生员之一。她凡事不做则已，要做就要花大力气，一定要做好，绝不含糊。按照培训班的要求，每次接生，她都背上接生箱，及时来到产妇家，戴上干净的口罩，套上清洁的手套，做好消毒，这才开始接生。

孩子生出来了，她按医生的做法，提着婴儿的脚，在屁股上拍上两巴掌，让婴儿哭出声，然后用小接生箱里的剪刀把婴儿的脐带小心地剪断，再拿镊子夹着药棉，蘸着酒精和红汞消毒。拿纱布包扎好婴儿后，她请帮忙的妇女一起给产妇清洗。一切收拾停当，她按新法，向产妇家人仔细交代月子里的注意事项。

妇女生孩子，在农村是大事。十里八村的产妇都找申纪兰接生。有时，为接生一个孩子，她一个晚上要走十几里山路，有时一天要跑两个地方。如果赶上出工，她就背着接生箱下地。实在忙不过来，她就让妇救会的妇女上各村登记产妇情况，排出日子，有计划地去接生，省了不少麻烦。

有人说三道四："她自己还没生养过孩子，咋会给别人接生？"

婆婆也劝她别去了。申纪兰一边忙着活计,一边说:"娘,妇救会就是要救助妇女,我是共青团员,这是党安排的工作,妇女生孩子太难,有很多不对路的方法,我必须得去。"

下地

新中国成立不久,西沟妇救会主任郭玉芝生病去世。李顺达和几个干部商量,让申纪兰负责妇救会工作。申纪兰擦干泪,决定拼死也要干好这份工作,不辜负玉芝婶的培养。

她把工作重点放在发动妇女参加劳动上。

妇女只有在劳动上有地位,才能让人瞧得起,才能解放自己。可是,在那个年代,想发动妇女走出家门,太难了。平顺县有句老话:"好男走到县,好女走到院。"在山区生活一辈子的人,任你怎么说,观念就是转变不过来。

男人说:"下地受苦,是汉子们的事,媳妇就是做做饭,缝个衣,生个孩子喂个猪。"

女人说:"嫁汉嫁汉,穿衣吃饭,妇女能种地,汉子们干个什么呢?"

男人说:"娶来的媳妇家中宝,炕台锅台离不了,抛头露面疯个啥?"

女人说:"抱抱孩子做做饭,已经累得不行了,还要下地劳动,还不如不解放了。"

申纪兰听到的全是泼冷水的话,她第一次感到工作这么难做。

一九五一年年底,西沟村办起了农业生产合作社,自称为"穷棒子"合作社,参加者清一色都是贫下中农。李顺达担任社长,申纪兰当上了副社长,他们要带领"穷棒子"过幸福的日子。

眼看就要开春了,申纪兰白天东奔西走,晚上躺在炕上苦思冥想。妇女们面面相觑,谁也不愿意带这个头,有什么办法能打破僵局呢?她想啊想,想到后半夜,也没个好办法。

第二天,她又召集几个平时喜欢参加集体活动的妇女,继续做工作。

有个妇女说:"你把下地劳动说得那么好,可你咋不去动员李二妞呢?你要能让李二妞下了地，咱就都下。"

妇女们跟着说:"对呀，对呀，她要能下地，咱就都下地啦!"

李二妞是秦克林的媳妇，丈夫看不起她，在家里没地位，整天大门不出，二门不迈，一年四季难得见几次外人的面，她是西沟村唯一没开过会的妇女。

听了大家的话，申纪兰明知是在给她出难题，仍然问:"你们说话算话吗?"

"算话算话!"妇女们回答得很干脆。

接连几天，申纪兰到李二妞家，讲了妇女下地劳动，争取自己解放自己的道理。

李二妞听也不想听:"我活了半辈子，啥解放不解放的!"

申纪兰说:"参加劳动，能为家里多分些红利，也能缝件新衣服穿穿，不用一直穿着破衣烂裤。"

李二妞叹了口气:"破衣烂裤就破衣烂裤吧，我又不是年轻人，穿新的干啥?"

申纪兰又说:"过去你一直窝在家里，靠男人

48 中华先锋人物故事汇 申纪兰

养活,人家瞧不起你,常给你气受,如今多劳动就能多分粮,多分红,你要去劳动,为家里增加收入,你丈夫保准就对你好了。"

李二妞没再说什么,她有点动心了。

申纪兰又去找秦克林,如果没有丈夫同意,李二妞的工作也是白做。

听说要动员李二妞下地,秦克林很意外:"那是个活死人,还动员她下地,她能下地干什么?"

申纪兰说:"那可说不准,你不支持也不要拦着人家进步,试试吧。"

第一次带领妇女锄麦子地,总共动员了七名妇女,其中就有李二妞。申纪兰边干边教她们技术。很快,李二妞也学会了锄麦子地,别人锄两垄,她也能锄两垄。

收工后,评选劳动模范,要从妇女中选一个,大家推选申纪兰,申纪兰却说:"二妞初次上阵,做得不坏,值得鼓励。"

大家就推选了李二妞当模范。

申纪兰顾不上吃晚饭,就去找广播员广播。

李二妞当选劳动模范的消息，全村的妇女都听到了。李二妞心里高兴，勇气更足了。妇女们没人甘愿比李二妞差，第二天，全社下地劳动的妇女增加到了十九个，妇女们终于被发动起来。

这时候，申纪兰又想到了马顺召。

马顺召从小就裹了小脚，"三寸金莲"走起路来歪歪倒倒，借故不参加农业生产合作社。申纪兰觉得马顺召虽说是"小脚女人"，但是年龄并不大，也就三十出头，有劳动能力，应该把她列为动员对象。

申纪兰来到马顺召家，她正在灶台上蒸玉米馍馍，热气腾腾的。

申纪兰热情地喊了声："嫂子，晌午早过了，咋还没吃饭呢？"

马顺召忙活着，慢悠悠说道："今天出了一趟门，到区里买了些东西，到家就晚了。"接着，她招呼申纪兰坐下来尝尝刚蒸的馍。

申纪兰说："咱早吃过了，也是玉米馍。"接着，就把请她下地劳动的事说了。

马顺召十五岁做了童养媳，比丈夫大三岁，

丈夫家中里外事情都听马顺召的。

听说叫她下地劳动,她马上抬起小脚,说:"纪兰大妹子,咱倒是想参加社里的劳动,大家一起干活,有说有笑,还能挣工分,多美的事啊!只可惜,咱是旧社会的受害者,裹着小脚,咋能下地生产?"

申纪兰马上回答:"大嫂子,'小脚女人'也可以参加集体劳动,咱娘也是'小脚女人',咱亲爹死得早,咱娘就自己踏着小脚,下地摆弄瓜菜,咱小时候还是跟着咱娘下地,才学会了很多农活的。大嫂子,你身板好,个子高,一身都是力气,咋就不能参加咱们劳动呢?"

马顺召说:"我这小脚走路歪歪倒倒,怕跟不上趟儿,耽误了大家的正经事。"

申纪兰回答:"嫂子,你刚才说你去区里了,这么快就回到了西沟,可见你走路也不慢。咱教你一招,外出时穿鞋头大些的鞋,里边塞些棉花、布条,再把裹脚布扎紧了,走起路来就平稳多了,这是咱娘告诉咱的。"

申纪兰这么细心,什么都考虑到了,马顺召

不好意思再拒绝:"那咱也下地试试。"

小脚妇女参加农村劳动的消息,传遍十里八乡,村里又有两个裹小脚的妇女也参加了农业生产。

李顺达称赞道:"纪兰,组织妇女参加劳动,你是实现妇女自我解放的领头人。"

荒山狼

一九五二年六月,山坡翠绿,青草很肥,西沟李顺达从农林畜牧合作社买回了百十只羊。

男人放羊,在当地,是天经地义的事,不管刮风下雨都得出工,山里狼多,弄不好就把羊丢了。可是,这几个月里,女人参加劳动,争取男女平等,让男人们心里泛起了不快。

有人就用了激将法,对申纪兰说:"你们女人不是啥都行吗?你们先放几天试试。"

没等申纪兰说话,一个叫张雪花的妇女站了出来:"放就放,有啥了不起的!没吃过猪肉,还没见过猪跑吗?纪兰,我和你放!"

第二天早饭后,申纪兰和张雪花背上干粮和

水,提了鞭子,准备赶羊出圈了。听说女人要去放羊,半个村子的人都跑来看稀罕。圈门一开,根本用不着驱赶,羊儿们就挤成堆,叫着挤着夺门而出。两人都有些慌了手脚,前前后后地跑,不知道该往哪儿赶了。围观的人见此情景,笑成一片。也有好心人给两人指点了一下:羊是合群的,每个羊群都有一只头羊,会放不会放,管好领头羊。她们照这个方法去做,一人攥头羊,一人殿后,果然就把羊群稳住了。

村后就是山,草场很不错,羊群上了山自然就散开了,边吃草边走,很快就分散到了半个山坡。两人又有些慌了,想把羊群赶拢一些,就放开了脚跑,累得上气不接下气,却不大见效,这边刚拢住,那边又散开了。

这时,申纪兰发现,羊虽是埋头吃草,却都往一个方向走。她明白了,奥妙就在头羊那里。两人便站定了仔细观察,不出所料,真有一只羊走在最前面,它往哪儿走,羊群就往哪儿跟。两人高高兴兴跑过去认那只头羊。这是只肥壮的羊,头上有两只不长的角,很容易辨认。两人一左一右，远远地跟着头羊走。

草很肥，羊群走得很慢，中午才转到山背后。山后依然是无尽的大山，荒无人烟，只能听到羊走动和吃草的声响，不时有几只山雀惊飞，叽叽喳喳一阵鸣叫。两人怕有狼，就走到一起了，羊群散开了，又怕照应不过来，便拉开距离，各管一边。申纪兰心里发毛，便不断地跟雪花找话说，互相壮壮胆。午后，羊都吃饱了，自动集中在一起卧晌。两人也累了，却丝毫不敢放松警惕，远望近瞧，怕有狼突然冒出来。

太阳落山的时候，她们刚好把羊赶到了村边，心才算放下。羊儿进圈，仔细清点数目，一只不少。她们像得胜的将军似的往家走，主动跟那些表情尴尬的男人打招呼。

后来，她们又放了五天羊，虽然提心吊胆，却都平安无事，没遇到什么麻烦。可是谁心里都明白，狼是对羊群的潜在威胁。她们每天都要把羊赶到远一点的新草场，放得越远，狼的威胁就越大。

有一次，下着雨，她们俩冒雨放了一天羊，黄昏时分，赶羊回村。走到山背后的时候，哗哗的雨声中忽然传来奇怪的动静。

申纪兰问:"雪花,听见什么声音了吗?"

张雪花四处搜寻,突然说:"狼!"

申纪兰也看见了,两只狼跟在身后,有几百米远。

羊群被狼盯上了。狼不会轻易出击,它们要一直跟踪,越跟越近,寻找时机,两只狼前后夹击。如果遭到夹击,那就危险了。

两个女人赶紧把羊群聚拢在一起,赶向一处凹陷的山崖。羊群背靠山崖,上面凸出的崖头能遮雨,两个女人拎着棍子站在外围。

两只狼,远远地站住了。

双方僵持着。天色越来越黑了。

申纪兰吹响了哨子,嘟嘟嘟——哨声冲破雨幕,传出很远。

村里人终于来寻找她们了。

再让女人去放羊,说不定哪天就会出大事。社委会研究决定,选派了两个有经验的男人接替申纪兰和张雪花。

女人放羊,也算是个壮举了,西沟村的妇女了不起!

谁说女子不如男

女人下地，三天锄了三十五亩麦子地，本来是个大胜利，可没想到却出了大问题。合作社给妇女记工分，每个妇女每天记五分，才能顶半个男劳力。

妇女们不干了，有的说："还不如在家纳鞋底，纳一对鞋底也能赚三升米呢。"妇女的积极性一下子没有了。

有的说："送粪的时候，男人挑担子一个往返，筐子有空有实，趁装粪的时候，还可以坐下歇歇，但咱们女人手中的锹始终不能停，连直个腰的机会都很少。"

还有的说："再说犁地，女人是牵着牲口跟着走，鞭子掌握在男人手里，牲口走多快，咱们女人就得走多快，一天下来，累得腿肚子转筋。你看男人，踩在耙犁上让牲口拉着走，自在得很。"

申纪兰安慰大家："咱得先想办法把活儿干得让男人服气，才能跟他们争工分。"

第二天上工，申纪兰悄悄告诉女子们："男人挑担子，咱也挑，男人踩耙犁，咱也踩，如果能干得不比他们差，谁还敢另眼看待咱们呢？"

这天，张雪花和马玉兴犁地，张雪花牵牲口，马玉兴踩耙犁。

申纪兰去找张雪花，鼓励她要做出个样子，挣到和男人一样的工分。

犁地一上午，张雪花问马玉兴："我能不能踩耙犁？"

马玉兴磕磕鞋里的土，不紧不慢地问："不怕摔下来？"

这不是在吓唬她，犁地还真得有点技术，别看男人只是站在耙犁上，其实得用对了力气，才能把地耙平。

张雪花说："咱俩换一换，你牵牲口，我想

试试。"

马玉兴笑着说:"真的要换换?行,你敢踩耙犁就行。"

张雪花上了耙犁,两只小脚踩稳当了,双手拽着缰绳,眼睛盯着前方。

马玉兴忙教给她要领:"腿要稍弯点儿,腰要顶上劲,站稳了。"

张雪花找不对重心,不是前后晃悠,就是左右摇摆,但过了一会儿,她感觉好多了。

犁到地头,她转过耙犁,虽然有些吃力,但是并不紧张。从地里回来,张雪花找到申纪兰,把情况详细说了一遍,申纪兰说:"走,瞧他们晚上怎么记工分。"

张雪花领了工票一看,又是五分。

张雪花对记工员说:"我踩耙犁来着。"

记工员吃惊地问:"马玉兴,你牵牲口了?"

马玉兴吸着烟说:"该怎么样就是怎么样,雪花犁得真不赖。"

"谁牵牲口了?"记工员又问。

这时,男社员都看马玉兴。

马玉兴把烟袋锅子在鞋底上一磕，说："前晌是她牵，后晌是我牵，怎么着？我就不能牵牵牲口？"

一屋子人都笑了。

"这工就该记成一样的。"申纪兰说。

记工员没法子，只好给张雪花和马玉兴记上同样的工分。

申纪兰把这件事告诉妇女们，她嘱咐大家："做出成绩好说话，以后咱们还要多用事实说话。"

这天晚上，小姑子张腊秀来找申纪兰："嫂子，咱们和汉子们分开做吧，要不总是他们十分，咱们只能得五分。"

申纪兰说："分开干，咱也得干出和汉子一样的活儿，才能记十分。"

"那咱和他们比一比！"

"对，只有比一比，才能瞧清了。"

第二天，申纪兰向社领导提议，男女分开撒肥，要比一比，如果干得好，就记一样的工分，要立下规矩。男人们大大咧咧地说："比就比，看你们能干成什么样。"

申纪兰提醒妇女们:"大家别心急,先把地划成行,一行一行撒肥,保证又匀又实,做不好返工就误事了。"

男人们依然是驾轻就熟的老样子,干得四平八稳,不慌不忙,边干边看热闹,看那些"小脚女人"挑着沉沉的担子,怎么在地里扭秧歌。

第一次挑担子的女人们,确实还有些把不住,走不稳,可很快她们就摸出了门道,走得跟男人一样轻巧自如。她们三人轮换着挑,人人都有休息的机会,不仅轻松,还容易出活儿,团结真是有力量啊!

妇女们挑的挑,撒的撒,分工合作,不到晌午就撒完了这块地。

午休了,男人们还没干完。有人给他们报信:"妇女们已经干完下工了。"他们不信,到地里一看,事实摆在眼前,肥料撒得很均匀,挑不出任何毛病,男人们只好认输。这次,所有的妇女都被记了十分。

男女同工同酬的规矩还没定下来,男人们不

服气:"我们这次大意了,咱们再比比。"

对于妇女们的劳动能力,申纪兰有信心,就说:"好,如果你们再输,这个规矩就必须确立了。"

这季节,谷苗长高了,要间谷苗,他们决定举行"间谷苗比赛"。

这一回,男人们到了地头,烟不吸了,热闹也不看了,蹲在地上就开始间苗。不一会儿,他们就蹲得腰酸腿麻,想快也快不成。妇女们是跪在地上间苗,头不抬,脸不仰,一个劲儿往前挪,很快就干到了前面。

晚上收工,按亩数一算,有些男人评到八个工分,妇女们评到十个工分,有几位还评了十一个工分。事实面前,男人们无话可说。

这天的黄昏时分,西沟农业生产合作社的女人们争取到了跟男人一样的工分,女人们胜利了!这时候,申纪兰并没有意识到,她带领西沟村的女人们所取得的这场胜利,具有非同寻常的社会意义,她们实现了男女同工同酬。

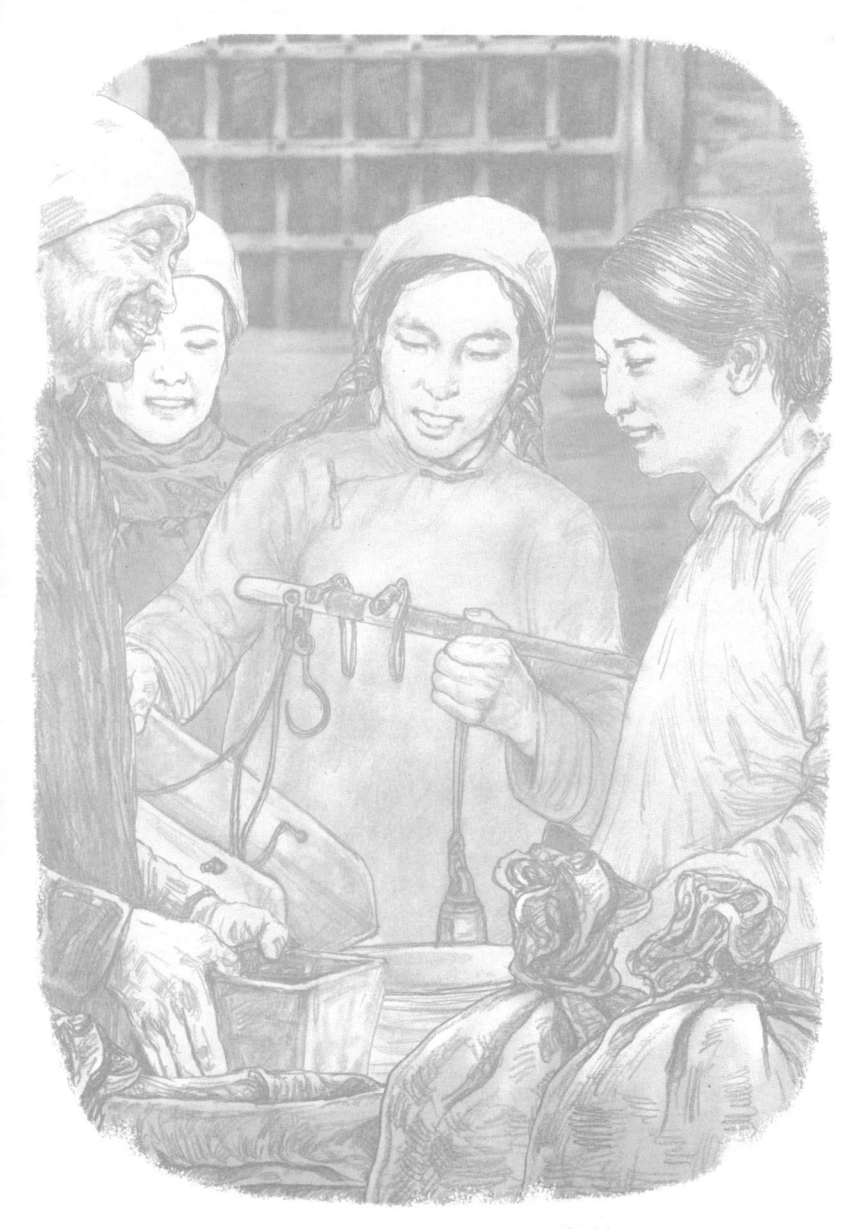

谁说女子不如男

领头雁

一九五二年十月,李顺达出国考察回到西沟。阔别半年,他对申纪兰更是刮目相看。

他对申纪兰说:"男女同工同酬这个做法好,你发动妇女一定吃了不少苦吧?"

得到社长李顺达的夸奖,想起这些日子的辛苦,申纪兰眼泪都快掉下来了。

李顺达看到热火朝天的劳动场景,感动之余,也发现了问题。在会议上,他意味深长地说:"要想早日实现社会主义,缺了妇女这份力量肯定不行,可是妇女有妇女的特点,把妇女身体累坏了就不划算了。"

大家按男女特长和体力强弱,对生产项目进

行了合理分工。更有人情味的是，专为育龄妇女制定了规定：怀孕两个月以上的妇女可以不参加重体力劳动，生孩子可享受半年产假，产后每天给一到两小时喂奶时间，一直到孩子断奶。

妇女们得到了尊重，更激发了她们的劳动热情。

村里的年轻人创作了几句顺口溜：

> 西沟妇女真是行，
> 赛过宋朝穆桂英。
> 事事不离场场到，
> 每次战斗打得好。

年底，长治地区党委召开农村互助合作会议，介绍各地合作社成立以来的经验。开会前，李顺达找到申纪兰，说："你在西沟做的这个事，有机会我一定向地委汇报一下。"

"这是个什么事啊，还汇报？"申纪兰说。

李顺达去开会，申纪兰继续领着妇女们在地里劳动。

第二天下午,县委的同志跑到地里来找申纪兰,兴冲冲地说:"地委通知你去开会!"

申纪兰问:"开什么会?"

"听说是地委书记见开会的全是男人,要求得有一个女人参会,县委书记推荐你去。"那个同志说,"明天雇个骡子送送你吧。"

副社长马玉兴说:"不花那钱了,明天我用驴送,驴是我家的,不用花钱。"

第二天一早,马玉兴给驴备上鞍子,申纪兰跟着走。走到下午,到了长治,这是申纪兰第一次走出西沟,走到长治这么远的地方。

县委李书记见申纪兰到了会场,赶紧对她说:"请你来,主要是想让你在大会上讲一讲。"

"李书记,我以为是来听会的,我能在会上讲个啥呢?"

"怎么干就怎么讲,可以说说怎么发动妇女参加生产劳动,说说怎么争取男女同工同酬的。"

"要是讲这个能行,这都是咱干的,说不差。"

晚饭时,申纪兰见到了李顺达。李顺达见她挺紧张的,就宽慰她:"没什么,干成什么样就说成什么样。"

第二天下午,申纪兰要登台发言了,李书记问:"准备好了吗?"

申纪兰说:"李书记,我是怕对上熟人说不好。"

李书记说:"不要怕,只当是台下没人。"

申纪兰说:"其他人没什么,主要是书记你呀,你要听我就紧张。"

李书记笑了:"我不听还不行?你好好说,那我走。"

申纪兰走上台,大家哗哗鼓掌,然后就一点儿声音也没有了。在座的大都是各县的领导,申纪兰哪见过这么庄重的场合?她紧张得要命,头上都是汗,一时间,嘴张不开了。

这时,她看见李书记真的走出了会场。他一出去,申纪兰的心真就宽展多了。冷了好一会儿场,再不开口不行了,她豁出去了,反正在座的都是陌生人,讲成啥算啥吧!

"过去男女不平等,我过门三年了,婆婆才给了我八尺布,做了件衣裳。平日吃饭也不一样,男人吃好的,吃干的,妇女吃赖的,吃稀的。婆婆常说,咱全家是靠你公爹过日子,有了好的,让他多吃,咱就吃赖点儿。西沟成立了合作社,我被选成了副社长,要发动妇女参加劳动,那可是费了劲了,工作中不会没困难。特别是妇女参加生产劳动有很多困难,有了困难我就去找党支部,找社委会,总能克服困难。"申纪兰从开春锄地说起,说到发动李二妞参加劳动,说到张雪花踩耙犁,争取同工同酬,说到和男人开展劳动竞赛,争取到了和男人一样的工分。

因为都是干下的实事,申纪兰站在台上,嘴上不停地说了一个多小时。

她说:"妇女参加劳动,在家里的地位就变了。李二妞参加劳动,秦克林对她好了,给二妞做了件新衣裳。张雪花以前在家常受气,自从劳动后,她男人见人就说,过去雪花是吃闲饭的,现在成了家里的宝贝了。我婆婆也常说,从前是指望老汉活呢,现在离了纪兰可不行。今年婆婆给我做了两件新衣服,还新缝了一条花褥子。"

"劳动就是光荣,妇女只有参加劳动,才会在家庭和社会中有地位,才能让人瞧得起。我男人在前线流血流汗,我在家领导妇女搞好生产,做好家务,这是应该的。妇女解放了,我自己就真解放了。"

说到最后,大家都很安静地看着她。

她说:"我也不会说个什么,怎么干就怎么说,说不好,让大家笑话了。没什么,说完了。"

会场上响起热烈的掌声。

会后,地委赵书记握着她的手,高兴地说:"纪兰同志,你个二十出头的女娃子,干了一件大事啊!"

申纪兰说:"赵书记,我没干什么事,是村里的妇女都有这样的要求。"

赵书记说:"恐怕是全国妇女都有这样的要求。"

接下来的会议时间,大家都开始讨论男女同工同酬。

很快,申纪兰动员妇女参加集体劳动,带领妇女争取同工同酬的故事,被记者写成了长篇通讯,标题是"劳动就是解放,斗争才有地位",

发表在一九五三年一月二十五日的《人民日报》上，由此，申纪兰开始名扬天下，成为西沟劳动妇女的领头雁。

两个苹果

西沟的山坡上,原本没有树,西沟人最初的种树热情,是被两个苹果激发起来的。

那是二十世纪五十年代初,李顺达从苏联回来,不仅带回了建设山区的经验和改变西沟的思路,还带回来两个苹果,是东北的同志送给他的。

回到西沟,欢迎会上人多,他没舍得往外拿。到了家,也没舍得给老婆、孩子尝。晚上要去开西沟的干部会议,他悄悄把两个苹果揣在了怀里。

会上,他神秘地把两个苹果从怀里摸出来,摆在大家面前:"你们谁认得这是啥?"

两个圆滚滚的家伙，在油灯下泛着诱人的光。

大家都瞪圆了眼睛看，没一个人认得。

"告诉你们，这叫苹果，是树上结的。"

他小心翼翼拿刀把两个苹果切成小片，分给大家。大家好奇地把小果片放进嘴里。

申纪兰也在场，她成了西沟第一个见到苹果并亲口尝了苹果滋味的女人。

李顺达意犹未尽，说道："告诉你们吧，这好吃的东西，我们这地方也能种！"

"真的？"

"这还有假！"

"那咱就赶紧种吧！"有人把小小的苹果籽攥在了手心里。

李顺达告诉大家："苹果不是拿籽种的，要有果苗呢。"

那时候，整个太行山都没有苹果树。李顺达路过东北时，特意向那里的行家请教过，如果从东北往这里运树苗，路途太远，运过来树根子就干了，不易成活。人家问他，太行山里有什么野山果，他想到了野海棠，那可是当年他跟爹娘逃荒路上的救命果。没想到，这野海棠在东北也有，用来嫁接苹果很合适。人家叮嘱他，回去先栽野海棠，等成活了，再派专家带苹果枝来嫁接。

申纪兰带领几个劳力负责采挖野海棠树苗。

在山沟，野海棠虽不是稀罕之物，但也不是随处都有，他们一大早出发，钻沟翻山，边寻找边采挖。钻了一沟又一沟，翻了一岭又一岭，中午每人只吃了几口干粮，就继续找，继续走。一直找到天大黑，也不知走了多少路，但仍然没完成任务。天黑得实在看不见了，大家也疲乏得支持不住了，申纪兰才和大家收工返回。

有人发牢骚："挣一个劳动日的工分，熬了两个劳动日的时间，出了三个劳动日的力气。"

申纪兰责怪自己，误了社里一天的工，把大家快累死了，只完成一半的任务，咱可真够没出息的！可是第二天，她又带领大家钻沟翻山，寻找野海棠去了。

挖来野海棠树苗，申纪兰又带领妇女们挖树坑。一个树坑一米见方，一个人一天要挖两个坑。河滩地，土层薄，挖下去全是乱石头，一锹下去，火星四溅，震得手臂生疼。有的人手皮震破了，有的人腿脚被石头砸伤了。申纪兰一边挖坑，一边说俏皮话鼓动大家："流血又流汗，将来很美满。"野海棠树苗栽了进去，她们又从快干了的旱井里挑来了水，一株苗只能浇两马勺。

望着瘦弱的树苗，几位老人担心起来："栽苹果，栽了些野海棠，还栽在石头上，怕是要把戏吧？"

真是老天开眼，下了几场透雨。饥渴的野海棠树苗竟然一个个都冒出了嫩嫩的新芽。所有西沟人都喜出望外，他们像对待自己的孩子似的照顾那些寄托着希望的弱小生命。三伏天，拿玉米秆给它们搭凉棚。数九天，拿麦秸秆给它们"穿衣服"。

第二年春天，七百多棵野海棠抽出了鲜活的新枝条，成活率达九成以上。

李顺达赶紧写信跟东北那边的人联系。信在路上有半个月，东北方面接到信后，马上行动，嫌信走得慢，给西沟回的是电报。电报才发出去，三个经验丰富的嫁接能手，就带着近千根精选出来的指头长的苹果枝上了火车。西沟刚刚接到电报，三个东北人也到了。

全村男女老少都像看大戏一样拥到后背山，看三个东北人怎么把野海棠树变成苹果树。三个东北人受到了鼓舞，切割接木，几分钟一株，手脚麻利，真跟表演一般。

有人情不自禁地问："这么弄就能成了？"

东北人说："怎么不成？这就跟男人和女人结婚一样，要不怎么就叫嫁接呢？"

西沟人半信半疑。

树嫁接好后，三天两头有人往后背山跑，细细观察苹果枝的变化。

几个月过去，他们不得不信服了。那些接上去的苹果枝，一个个都冒出了新芽，抽出了嫩枝。

就这样，由两个苹果开始，在勤劳的西沟人手中，诞生了太行山的第一代苹果树。

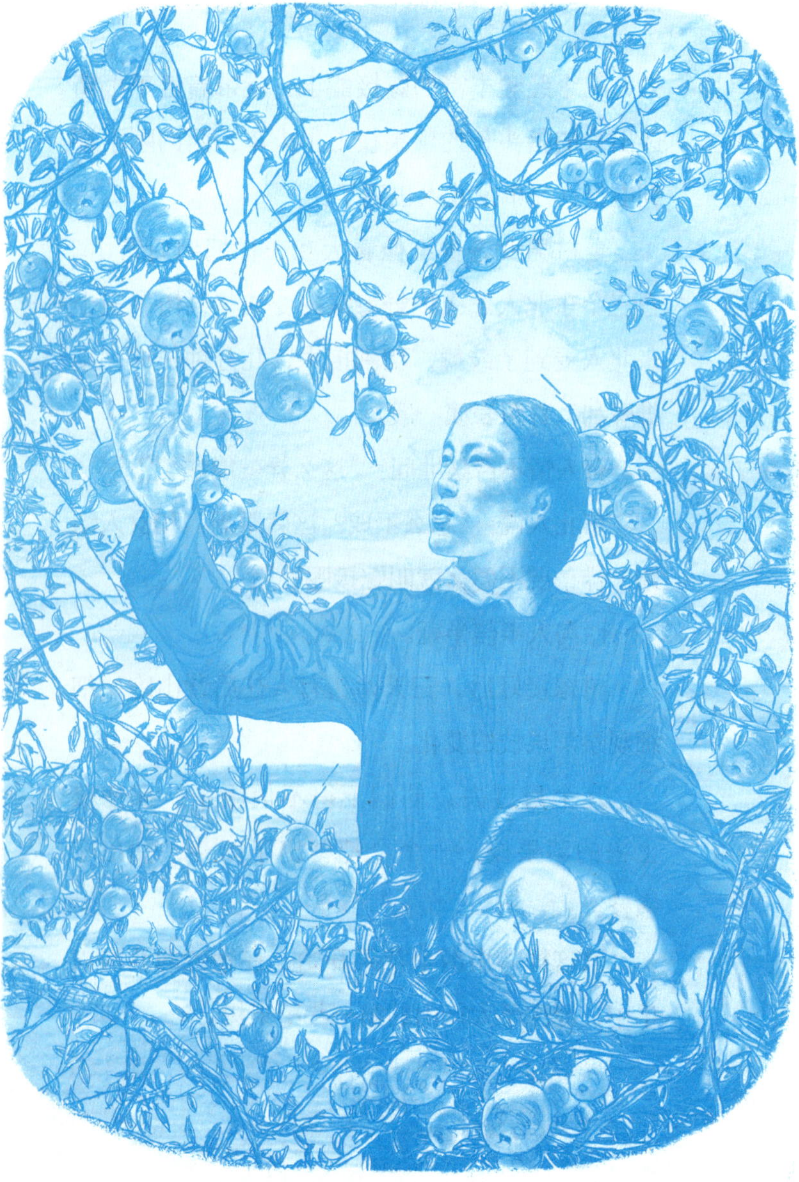

外面的世界

有一天,李顺达找到申纪兰。

"纪兰同志,你也要去北京开会啦!"他举着一张"中国妇女第二次全国代表大会"的通知,激动地说,"这可是咱西沟妇女的光荣啊!"

"啥?去北京?"申纪兰问。

北京是她向往已久的地方,那里住着毛主席,她做梦也想不到自己还能去北京。

出发这天,李顺达为她安排了一头驴子,驮她到长治,又从长治搭车到太原。到太原,天黑了,在旅馆住下。当晚,她第一次见到了电灯,是服务员替她打开的。她不知道怎么关,也不敢去摆弄,就任那盏灯亮了一整夜。

第二天坐火车去北京。她第一次见到火车。山西的代表，有二十个妇女，申纪兰是唯一的农民。大家坐到一起，申纪兰穿着夹袄夹裤，系着绑腿，惹得她们不停地看。

代表团一位女领导说："纪兰，穿这身衣服上北京，不合适，我有一身宽大的外套，你试试。"申纪兰换上了，还是显小，不大合身，但总比原来的好看多了。

火车上，申纪兰合不上眼，很是兴奋。听着火车行驶的隆隆声，想着就要到北京了，就要见到毛主席了，她的心就怦怦跳。

到了北京，路真宽，一会儿跑过来一辆车，一会儿又跑过来一辆车，有的拖着"大辫子"，还有的像火车一样在轨道上跑，一路咣当咣当地响个不停。

会议在中南海怀仁堂举行，一千多人参加会议，第一项是通过主席团成员，名单中竟然有申纪兰的名字，还有宋庆龄、何香凝、蔡畅、邓颖超等党和国家领导人。她捧着名单，看了又看，不敢相信自己的眼睛。在热烈的掌声中，她被人拉上了主席台。

开幕式后的大会正式发言环节,申纪兰第二个发言。她一上台,大家就开始鼓掌。

这次会议,选举产生了全国民主妇联第二届执行委员会委员、候补执行委员,申纪兰被选为执行委员。

大会开了九天,闭幕那天,主持人说:"中央首长要来看望大家啦!"

会场一下子喧闹起来,大家兴奋地议论:"会不会是毛主席来了?"

工作人员组织大家排好队,迎接中央首长,申纪兰被安排到了最前排。

大门打开,果然,走进来的是毛主席!

毛主席和画像上一样,带着慈祥的笑容,挥动右臂,向大家致意,全场掌声雷动。

申纪兰激动得眼泪直流。

毛主席越走越近了,不知哪来的勇气,申纪兰向前跨了一步。

毛主席刚好走到她跟前,停下来看着她,问:"这位女同志是谁呀?"

旁边的代表介绍:"这就是李顺达合作社的副社长,申纪兰同志。"

毛主席伸出手,说:"好,很好!"

申纪兰握着毛主席的手,哭得什么也看不见,只觉得毛主席那双手软绵绵的,热热的。从小到大,申纪兰从没有过这么大的幸福感。

申纪兰在中国妇女第二届全国代表大会上表现突出,她的发言引起热烈反响。她年轻,又是来自农村的女代表,很有典型意义。会后,组织上推选申纪兰作为中国妇女代表团成员,出席在丹麦首都哥本哈根召开的世界妇女大会。

不到一个月,申纪兰再次来到北京,此时已是热浪翻滚的时节。树木苍翠馥郁,花卉缤纷芳香。

出国前,代表们跟着专家和老师学习外文和国际礼仪,学会在不同场合、地点应该如何应对,必须记住出国的各种外事纪律。申纪兰白天学,晚上记,经常到人少的地方反复练习。十几天下来,虽说不够熟练,却也基本掌握了相关知识。

要出国访问，申纪兰她们这批妇女代表需要体现出中国妇女翻身得解放后的高雅气质，得学会穿高跟鞋。来自乡村的申纪兰，平日穿的都是自家纳的平底布鞋，即便到了寒冬腊月，也就穿过自家做的平底棉鞋。她接到一双高跟鞋，试穿了一下，没走几步，就摇摇晃晃，仿佛要跌倒了。幸好，一同出国的雷洁琼大姐想办法找了一双半高跟鞋子，换给申纪兰，还算合脚。她愁眉苦脸地练习了好几天，总算勉强适应了。穿上这双半高跟鞋，再配上中国旗袍，申纪兰走起路来，也有了几分袅袅婷婷的柔美。

出国的路上，中国妇女代表团总是要上车、下车，上飞机、下飞机，代表团里的女同志，要么岁数大了，腿脚不那么利索，要么弱不禁风。申纪兰年轻，干活麻利，力气大，天性热情，她总算是英雄有了用武之地，忙前忙后，不停地帮助大家搬行李、扛大包。

大姐们过意不去，有人说："申纪兰，你也有行李，你搬好自己的就行了，我们也能拿，就是慢点儿。"

"咱没有什么行李,轻得很,背在身上就行了,可以腾出手来为大家服务。"申纪兰一边忙一边说,"要是来了记者,需要回答什么问题,都由你们去应付,这些体力活,你们一边歇着,有咱来,这样分工多合理呀!"

大姐们都把申纪兰当作可爱的小妹妹,对她的勤劳和热心报以微笑。申纪兰没让大家失望,不管到了哪里,她总是默默地整理房间,清扫垃圾,跑腿儿喊人,送这送那,特别是编排号码,搬运行李,成了行家,分得清清楚楚,从没出过错。

在丹麦首都哥本哈根的会议上,申纪兰发现,大会的主题就是提高妇女地位,实现男女平等。很多国家的代表在会上强烈控诉歧视妇女现象,谴责不少国家实行的男女不平等制度和陋习。一开始,申纪兰心中没数,只能静静倾听,并没有发言。

外国妇女代表问她:"中国妇女是个什么情况?"

申纪兰想都没想,随口道来:"旧中国的妇

女头上压着多重大山，受尽欺凌压榨，连读书的机会都没有。新中国成立后，中国妇女翻身得解放，有书读，有工作，有地种，有文化的妇女还当上了不小的干部，中国的各级妇联组织成为替妇女伸张正义的机构，尤其是我所在的中国山西省平顺县那个小小的西沟村，已经实现了男女平等，同工同酬。"

申纪兰的诉说，只是一个中国底层妇女翻身得解放后发出的肺腑之言，却给外国妇女留下了深刻印象，树立了新中国的形象。

这一趟走出国门，从苏联，到西德和丹麦，不论是参观还是学习，申纪兰都极大地开阔了眼界，增长了阅历，见识了新事物，领略了新理念，这些在她的内心深处产生了强烈的撞击。她深深地意识到：在中国，只有在共产党的坚强领导下，才能实现妇女解放和男女平等。她暗下决心，从今往后，要坚决听党的话，在提高妇女地位的大道上，坚定不移地走下去。

结束行程，一回到西沟村，申纪兰就把出国穿的那套行头全部脱下，塞进柜子。她回归了一个农村妇女的原本角色，蛟龙入海似的融入她所喜爱的田垄土地，穿梭在绿浪翻卷的麦地和山林，一日一日，劳作耕耘。

那个年月，申纪兰丝毫没把钱财放在心上。

这次出国开会和参观学习，行程万里，风尘仆仆，她回到西沟村，头一件事就是身背大包小包，来到西沟农业生产合作社，把代表团发给她的补助费全部上缴，分文不留。

她又去了合作社的娃娃组，把那些大包小包一个个打开，变戏法似的，抖落出一件件让娃娃们眼花缭乱的玩具。孩子们大呼小叫，你争我夺，顿时，娃娃组里沸腾起来。这些玩具，是她用节省下来的代表团发的补贴买下的，为的是让娃娃们开心，让娃娃们的母亲能安心下地劳动。

小花背的春天

西沟有座最大的秃山,名叫小花背。山势陡峭,都是石头,光秃秃的,只有石头缝里有些泥土,还没被雨水冲走。

这年秋天,西沟开始了绿化万亩荒山的行动。男人们集中力量修筑水坝,作为西沟农业生产合作社的副社长,申纪兰带领妇女们登上小花背,开始种树。

妇女们能走到小花背,已经很不容易了,她们不少都裹过小脚,申纪兰让年纪大的在山脚种树,自己带年轻人爬上山顶,中午啃几口干粮,天黑了才回家。

有人说:"万物土中生,没有土咋种树啊?那么大的山，又那么陡。"

这些话没能干扰到申纪兰，她仍然每天带领妇女们扛着镢头，背着松子上山。妇女们半跪在山坡上，用镢头在坚硬的山石上先刨出一个个脸盆大的鱼鳞坑，再用手指或脚尖把石缝里的土一点点抠出来，培进坑里。从早上到天黑，她们也仅能刨不足三十个鱼鳞坑，裤子几乎磨得见了膝盖。

三天下来，有人就有了怨言："纪兰啊，咱们跟着你净受罪，我明天不来了。"

申纪兰赶忙接过人家的镢头，扛在自己肩上，大道理小道理地鼓励。

晚上，她编了几句歌词，第二天上山的路上，用平顺小调唱出来，鼓舞士气：

走一山，又一岭，
小花背上去播种，
今年种上松柏子，
再过几年满山青，
等到松柏长成材，

建设社会主义咱都有功。

大家的情绪一下子活跃起来,纷纷学唱,原本寂静的小花背回荡起妇女们响亮的歌声。

西沟人都能唱几首山歌小调,却从没有一首是唱自己的。申纪兰创作的这首歌,很快就在全村传唱开了,先是孩子唱,后来男人也学,几乎每个人都耳熟能详。在以后的几十年里,这首歌成了西沟的植树歌。

用了十多天,申纪兰带着几十名妇女,硬是在小花背光秃秃的三百亩山坡上刨出了数千个鱼鳞坑,种下了三百斤松子。指甲磨秃了,指头也磨烂了,许多人的指甲缝都磨得张了嘴。

种下松子,也就种下了期待。这个冬天里,许多人都惦记着小花背。

第二年春天,小草拱芽吐绿,申纪兰一趟趟跑上小花背,要看看劳动成果。眼前的情景,让她傻了眼:数千个鱼鳞坑,只有十来个拱出了松树芽。刨开一看,有的松子已经干瘪,像碎石子,更多的就干脆连松子也没了,是被山雀吃掉了。申纪兰坐在山坡上，呜呜哭。半个月的辛苦，几个月的等待，烟消云散了。

给李顺达汇报时，申纪兰仍然泪眼盈盈。

李顺达一个人上了小花背，在山里转了半天，心中有了底。

晚上的党员干部会上，李顺达说："别说活的不止一棵，就是一棵，也是成功的证明，证明咱这山上也能种松柏。有了一棵，不愁一坡，革命哪有一帆风顺的？今年咱接着种！"

雨季来时，申纪兰又带着妇女们背着松子，上了小花背，手里的工具却换成了镰刀。已经请人指导过了，找出了失败的原因，制定了新方法，从刨鱼鳞坑改为直接拿镰刀在石缝里开沟种松子，这样既能保持水分，又能防止山雀刨食松子。

她们种松子的时候，分片竞赛，看谁种得又快又好。她们栽种的同时还互相问话，这边山上的人问那边："种了多少了？"那边山上的回答："种得不多呀！"其实，大家是一边喊一边鼓足了干劲。每天每人一斤松子一亩坡的定额，不仅

小花背的春天

把那三百亩补种了,又另种了一千余亩。

十天时间,妇女们就把整座小花背从山顶到山脚都种上了松子。老天又帮了忙,几场雨过后,松子发了芽。秋后,这些芽就长成了寸把高的幼树,真是生命力极强的植物。这年冬天,在灰暗的石头山的包围中,小花背显现出了极富生命力的淡淡的青黛色,格外耀眼。

几十年里,植树成了西沟人的传统。先是整坡整沟栽种,后来大块小片栽种,再后来是寻找空地,三株五株补栽补种。今天的西沟,大小三百多座山都长高了,那是树长的;大小两百多条沟都变浅了,那是树填的。一年四季,群山如黛,春天,花枝招展,秋天,繁果压枝。

李顺达、申纪兰把在苏联所见到的森林、果园、农庄等景象叠加在西沟的山沟上,描绘出一幅西沟的美妙图画,那就是:山上绿油油,牛羊满山沟,走路不小心,苹果碰着头。

一九五三年,申纪兰加入了中国共产党。

她说:"成为一名共产党员,我非常激动。中国共产党解放全中国牺牲了许多人,才把这个国家交到人民手里,让我们这些普通的农家女儿有说话的权利,有做主的机会。我就是中国共产党解放的,是共产党培养起来的,我永远忘不了共产党。"

相聚

冬日的一天,平顺的山上和田垄上飘着纷纷扬扬的雪花,雪花随着北风吹打在路人的脸上,如刀割针刺,那透心透骨的感觉冰凉冰凉的。山上和田地里看不见几个人影。这时候,谁不想猫在暖烘烘的家里呢?偏偏有个年轻女子,背着一大捆秸秆,步履艰难,走在田间,她就是申纪兰。

昨天,合作社的田地里还留下几捆秸秆,来不及收,申纪兰放心不下,就自己一捆一捆背回村里。虽说身上穿得严严实实,但寒风仍然钻进外衣,因为背负着沉重的秸秆,申纪兰并没感到寒冷。这几捆秸秆是农业生产合作社的,绝不能让它们留在野外。颗粒要归仓，一枝一叶也要归仓，把它们全部归拢到社里，申纪兰心里才踏实。

远处跑过来一个人，大老远就喊："纪兰，纪兰，你赶紧回家，你男人张海良从部队上回来了！"

丈夫张海良回来了，申纪兰欣喜，却又将信将疑。

他们七年没见面了。打从一九四六年，两人婚后，张海良回部队，头两年，还有书信往来，可是自一九五〇年开始，几年时间过去了，张海良音讯全无。申纪兰日思夜想，也写过信，可都如泥牛入海，她暗地里不知流过多少泪。

申纪兰将最后一捆秸秆背回村里，堆放妥当，赶回自家院里，一眼就看见了思念已久的丈夫。张海良真真切切地回来了！正笑吟吟地站在阶前看着她呢。

当着公公婆婆的面，申纪兰强压住内心激荡的情感，可是进了房间，她再也控制不住了，眼泪像飞飘的雨水似的流下来。

张海良轻抚她的肩头，拭去她的泪水，细述了这几年销声匿迹的原委。

原来，张海良所在的部队隶属于刘邓大军，他婚后没几天，按时归队，一回到部队，部队就南下了。张海良给申纪兰写过一封信，可还没等收到回信，解放战争就拉开了序幕，他跟随部队进入黄淮地区，千里跃进大别山，今天到了这儿，明天又转移到别处，这就是申纪兰寄出的信件如石沉大海的原因。这以后，张海良又跟随部队转战华东和华南，进入广西、云南、四川，由于战事不断，张海良也无暇给家里写信了。

这期间，张海良加入了中国共产党，先后当上了班长、排长。新中国成立后，张海良十分想念家人，想给上级打报告，希望上级能批准他回一趟家。报告写好，准备递上去了，朝鲜战争爆发，部队召开动员大会，宣布将要参加抗美援朝战争。张海良将申请报告收了起来，又一次听从党和国家的召唤，作为中华好儿女，高唱着中国人民志愿军战歌，雄赳赳，气昂昂，跨过鸭绿江，随部队进入朝鲜。在异常艰苦的战斗中，张海良无数次穿越枪林弹雨,死里逃生,成为没有倒下的幸存者,还当上了连长。志愿军回国后,思乡之情再次在张海良心中涌起。他干脆连信也不写了,打算直接回家,给父母和妻子一个惊喜。

这些年,张海良在部队可谓九死一生,他的战友一个个都倒下了,申纪兰的心莫名地紧缩起来。

张海良笑呵呵地说:"你男人福大命大,蒋介石的子弹打不着,美帝国主义的炮弹也打不着。"

相聚是短暂的,又到了离别的日子。

张海良感慨地说:"一个女人嫁给军人,是要吃很多苦的。不过,你也是党员了,你当上了副社长,又在广播和报纸上扬了名,相信你能理解。"

申纪兰高兴地说:"当然能理解,嫁给军人是咱的光荣,再说政府对军人家属还有很多优待和照顾呢。"

张海良背起背包,毅然踏上了新的征程。

申纪兰望着他高大的背影渐渐远去,眼眶湿

润了。

丈夫返回部队后,申纪兰依然不停息地劳动。她的劳动达到了忘我的境地,她的辛勤耕耘换来的是丰硕的成果。

一九五四年,是申纪兰和西沟人收获辉煌的一年。这一年,申纪兰和李顺达双双被选为第一届全国人民代表大会代表,这是申纪兰成长道路上具有标志意义的里程碑。

人们没有想到,申纪兰竟会连续当选十三届全国人大代表,成为代表中的唯一。这是一条漫长的路,充满掌声,也充满艰辛,更需要不忘初心,矢志不渝。

猪倌儿

一九五四年春季,政府号召群众养猪,很多人不愿意。

妇女说:"圈猪没圈,喂猪没糠,麻烦累赘,肮里肮脏。"

男人说:"买猪没钱,垒猪圈还没个地方。"

党支部让男干部动员男人,申纪兰动员妇女。

西沟乡成立后,有个民校,天天开政治课,李顺达就让申纪兰去讲课。她不知道讲什么,李顺达就让她把养猪的好处给大家讲讲,动员大家养猪。

她讲课的时候,刚开头说:"政府号召咱养猪,支援国家建设……"

台下有个妇女反问:"多打粮食也是支援国家建设,还用养猪吗?"

申纪兰就给大家讲道理:"国家需要什么,咱就要做什么,要多打粮食,也要多养猪,各有各的用处。人要吃粮食,也要吃猪肉。猪肉能出口换机器,一吨猪肉能换五吨钢,咱国家要发展工业,用的钢很多,咱多养猪多卖肉,就能多换钢,这是咱妇女们支援社会主义工业化的实际行动。咱要到社会主义社会,不发展工业,就走不到。大家看看,我们穿的细布、雨鞋、球鞋,用的手电、灯、喷雾器,哪一样不是工厂制造的?"

这时,有个男人说:"是啊,咱今年连跳蚤、虱子都消灭了,黑夜睡下真舒服。要不是用上人家苏联老大哥制造的杀虫药粉和喷雾器,怎么能办得到呢?"

他的话启发了大家,反对的声音不那么强烈了。

申纪兰又请来养了三年猪、收获很大的宋大姐,给大家介绍养猪经验。李顺达请来农业科学工作队的小丁同志,给大家介绍养猪技术,大家的心这才安定下来。

这一年，西沟共养了一百多头猪，完成了政府交给的任务。

一九五八年，政府号召办养猪场，所有公社都积极响应，一时猪崽哪儿都买不到。买猪崽的社员回来把情况告诉申纪兰，她就带了两个人，赶了两辆驴车，去了外县，足足转了三天，终于买够了数，装上驴车，运了回来。她还给自家也捎了两头，回家交给婆婆。

养猪场在金星峰山脚下，山里不时会闯出野猪、老狼，坑害庄稼或是偷吃家禽家畜。很多人都害怕野兽出没，谁也不敢来当猪倌儿。一时找不到合适的猪倌儿，申纪兰只得自己先做几天猪倌儿，在养猪场一住就是半个月。

申纪兰天生胆大，不过她也不是瞎大胆，而是胸有成竹。她早就做了准备，可以说是"艺高人胆大"。

夜幕降临，远处传来隐隐约约的狼嗥声，由远及近，在漆黑的荒野上，令人心底发怵。申纪兰在猪圈周边生起一堆堆篝火，火光呼呼跃动，爆出的火星四处闪烁，映得原野明晃晃的。任它什么野狼野猪，早就逃得远远的了。

养猪场安全了，可是有一天，婆婆跑到养猪场来找她，说家里的猪没圈，放在院子里管不住，她一个人顾不上。申纪兰回去，临时砌了个猪圈，可是墙砌得太矮了，第二天晚上就让狼跳进去，叼走了一头猪。婆婆哭着又来找她。

望着养猪场的一群小猪，申纪兰很是为难。

她安慰婆婆："等物色到一个猪倌儿，我就回去。"

又过了半个月，养猪场的猪长得肥肥壮壮的了，她才把养猪场交给了寻到的猪倌儿。西沟的第一个养猪场就这样办起来了。

好景不长，粮食最吃紧的那个春天，申纪兰又去养猪场喂了一个多月的猪。

那一年，闹了粮荒，人都饿得没劲了。申纪兰去喂猪，既为了给猪倌儿减少劳动量，也为了防止有人偷猪饲料。

猪由每天喂四顿改成了喂两顿，饲料是碾碎的干草、玉米秆，再掺一点儿糠麸。每顿的糠麸都要用秤来称,猪根本吃不饱,饿得嗷嗷乱叫。申纪兰每天要多挑好几担水,尽量把那猪食和得稀一点儿。

不料,这办法却弄出了麻烦:猪开始拉稀,病得连食都不知道抢了,只躺在地上,风箱一样地喘。这可把申纪兰急坏了,赶忙去找兽医。兽医没给猪用药,只拿个小刀,把病猪的耳朵挑了一个小口,让它流点血,这叫"放血疗法"。土方法很见效,申纪兰学会了,以后再有猪得了这病,她就自己治。

病猪治好了,她却病了,得的是浮肿病。她每天只能喝上一顿稀饭,稀得能照见人影,吃一个拳头大的糠窝窝,就算是不干活儿都受不了,更甭说还要照管二十多头猪的吃喝了。她两腿肿得上炕都吃力,躺下也饿得睡不着,肚子咕咕叫,她就起来烧开水喝。如果不是生产队又给每人分了几斤粮,她可能就顶不住了。

这是最难熬的一季,人活得艰难,猪也难。但是,什么困难能压垮勤劳的西沟人呢?

好管家

一九五八年,西沟金星人民公社成立后,申纪兰担任副主任,财务工作归她管。大队的任何开支和实物发放,都要经她签字批准。从那时起,申纪兰为集体勤俭持家的"抠劲儿",就在西沟村家喻户晓了。

有一次,两个年轻社员一同来找申纪兰批条子领东西。一个是大队理发组的理发师,要领一条理发用的毛巾,一个是大队粉房的记账员,要领一个印台。

申纪兰问理发员:"毛巾破了,补过了吗?"

理发员回答:"没有。"

"那就先补补,破得不能补了,再领新的。"

理发员不高兴了,但没说什么。

申纪兰又对想领印台的人说:"小小粉房,印台又不是天天用,领个新印台也会放干的,到用的时候还是不能用。醋房已经有印台了,你俩离得不远,一起用,满可以。"

领印台的人不满意了,但也没说什么。

两人转身出了院子,一个嘟囔:"真抠。"

另一个嘀咕:"一分钱看得比磨盘还大。"

一个又说:"还去过北京出过国呢,真不开眼。"

另一个又说:"瞧她那身衣服,补丁摞补丁,也真能补,还天天接待客人呢。"

"我看该给她提个意见。"

"什么意见?"

"申副主任,真小气,常年不见穿新衣。"

"那她可有话说了。"

"咋说?"

"纪兰天天要下地,穿上好的也可惜。"

两人边说边笑,出门不远,遇见社里的几个羊工,抱着一捆破毛毡走过来。

理发师问:"干什么来了?"

"毛毡破了,让申主任给换新的。"羊工往院里走去。

两人见羊工来的人多,想看看他们能不能达到目的,也跟着走回来,站在院门口往里看。

羊工走到申纪兰跟前,把破毛毡往地上一放,说:"申主任,毛毡破了,该换了。"

申纪兰动手翻看地上的毛毡,一共十二条,的确是破了,有的还破得很厉害。

她知道羊工常常露宿野外,就地打铺,离开毛毡是不行的,但她想,能节约也要尽可能节约,不能浪费。

她说:"能补就补补用吧,能多用一天是一天。"

"这么大的窟窿,拿什么补啊?"

"两条补一条,总可以吧?"

"窟窿补窟窿,还是大窟窿。"

申纪兰知道这几个羊工脾气倔,况且今天来的人比较多,她心想不能着急,要做通思想工作才行,于是她说:"坐下来一起商议商议,想想办法吧。"

看见那两个想领毛巾和印台的还站在门口,她就招呼:"你们也来吧,一起坐下来想想办法。"

羊工不耐烦,但还是坐了下来。站在大门口的那两位不好意思留下,也不便走开,就慢慢凑了过来。

申纪兰说:"咱集体过日子就和各家过日子一样,离开勤俭节约不行,集体的财产就是大家的财产。我替大家管财务,就要做到非花不可的钱要花,能不花的钱,一分也不多花。"

接下来,申纪兰语重心长地讲了老支书李顺达勤俭办事的故事。

几年前,一个桃子成熟的季节,李顺达和几个年轻人一起在地里劳动,休息时,年轻人摘了些桃子,在地头吃。吃完桃子,桃核扔了一地。李顺达看见了,心疼得不得了。他跟年轻人讲,这桃核扔不得,栽到地下,能植树造林,能再长桃子,卖给供销社,能得钱,还能支援国家建设。他亲手把地上的桃核拾起来,领着几个年轻人走到一处山坡上,一起把桃核种了下去。后来,那片山坡果然长出一片桃林。

大家听了,若有所思。

羊工们相互看了看,站起来,拿了毛毡就要走。

申纪兰说:"还没商议办法呢,咋就走了?"

"我们自己想办法吧。"

"你们有什么办法呀?说出来叫我听听。"

"有什么好办法?能将就的时候就将就呗,反正不花钱就是了。"

"那可不行,能补好,就要补好使用;实在不能补的,也不能将就。保证你们羊工每人有一条毛毡,是大队的决定,这关系到你们的身体,不能含糊。"

年龄大些的羊工表态:"两条补一条,倒也差不多。"

"好,这就说定了,缺几条就领几条新的。"

大家正要走,年轻羊工半开玩笑地说:"两条补一条,倒是能补得过来,只是太重,钱是省了,可就是要费力气了。"

申纪兰笑着说:"只要能补严实就行,力气是用不完的,用了还会来,年纪轻轻的,还怕没有力气吗?"

大家笑着,各自散去。

泉眼无声

水,是西沟人的命根子。缺水,是西沟人千百年来心头的剧痛。

一九五七年,李顺达、申纪兰带领广大社员向干旱发起挑战。经过半年的艰苦奋斗,建起了西沟历史上的第一座大坝,长达八十米,初步解决了西沟土地灌溉的问题。

但是,老百姓的生活用水还是个难题。申纪兰嫁到西沟十多年了,深感西沟人用水的苦处。为了日常吃水,人们总是每天一大早就要跑到半里多外的井里挑水。急急忙忙挑着水桶,家里、井边两头赶的场面,早已是西沟村的一大景观了。

申纪兰也不例外，人口多时，一担水根本不够用，她要和小姑子每日一人一担往家挑。小姑子出嫁了，又添了娃，劳动力少了，人口不减反多，申纪兰就更早起来，连挑两次水，风雨无阻。

有一回，经过几番寻觅，总算在村边发现一处水源。申纪兰带领大家花了很大气力打井。井深达十多米时，井底果然涌出清澈的水流。人们喜出望外，一致推举申纪兰打第一桶水。

她兴高采烈地把吊桶投下井去，徐徐打上一桶水。

几个村民争先恐后分享战果，抢着抱起吊桶，大口品尝。谁知，才喝两口，就吐了出来。

一个人高声喊："活见鬼了，这是什么水？"

另一个也嘟囔："又苦又涩，人哪能喝得下去？只怕牲口都不肯喝。"

此时，李顺达已经离开了西沟，升任平顺县委书记，申纪兰接任了西沟人民公社社长兼党支部书记的职务。打井失败，她毫不气馁，反倒坚定了寻找水源的信心。

申纪兰请来县里的水利技术人员，帮助查找水源。勘探人员几经周折，终于又在西沟的中心地带找到一个较大的泉眼，而且水质优良，适合人畜饮用。

这次，从长治地区运来现代化的打井工具，深掘二十米，终于看见了汩汩涌流的清净泉水。用吊桶打了井水提上来，大家品尝，啊，真是清甜可口，欢呼声四起。

吃水问题得到根本解决，西沟人像过大年一样高兴。

申纪兰也分外高兴，她再也不必一大早花两个钟头连挑两担井水了。现在，只需十来分钟就能把水倒进自家的水缸，让老人和娃儿们一天到晚喝个够。

在申纪兰的人生词典里，没有"歇息"这两个字。对她而言，生产建设永远在路上。

虽然打了深井，村民吃水不再伤脑筋了，但是对于西沟人来说，天上落下来的水比油还要金贵，然而西沟的土地不蓄水，每逢天降甘霖，那宝贵的雨水，润湿了地表，然后就消失得无影无踪，白白流失。申纪兰请教专家，专家说："要想留住天然雨水，办法也有，那就是打旱井。"

旱井，也叫水窖，是专门用来储存雨水的。下雨的时候，将水窖口打开，不用的时候，用大木盖将水窖口盖上，防止太阳干晒，水汽蒸发。

申纪兰组织西沟人学技术，推广旱井建设。一时间，许多人家的房前屋后陆续打下了不少旱井，每个旱井三米多深，长方形，井底和四壁都抹上标号较高的水泥，防止污染，也防止渗漏。旱井建设取得了丰硕成果，充分储备了水资源，在缺水时节发挥了重要作用。

申纪兰和社员们建造旱井蓄水，一来可以保证社员家庭、牲畜家禽用水，二来可以不让雨水流失，还可以就近浇灌庄稼和果园，节省劳动力，可谓一举多得。

一九六五年春天，本该是春风拂柳、细雨纷纷的季节，平顺县却遭遇了百年不遇的大旱，旱得土地冒烟，播种下苗都找不到水。早年建造的水坝见了底，旱井也无水可取，就连村民吃水都成了问题。

西沟人民公社党委决定组织民兵找水源，度过大旱之年。申纪兰想起西沟的民兵营教导员秦周则，当年曾跟着省里的水利专家在西沟范围内四处寻找水源，申纪兰便去找秦周则。

秦周则很意外："申书记，什么事把您都惊动了？"

申纪兰说："眼下在咱西沟，还有什么事大过找水源呢？"

申纪兰嫁到西沟多年，对这里很熟悉，便告诉秦周则："咱俩好好配合配合，咱熟悉地势，咱来带路，你懂行，你负责寻水源。"

秦周则探查了半晌，感觉一处地方有希望，就跟申纪兰建议："咱有个想法，可不可以在这里挖一条两米深，二十米长的长井？这样可以比较准确地探一探底下到底有没有泉眼。"

申纪兰回答："你是行家，你说咋办就咋办。"

于是，秦周则选好地方，招呼六七个民兵，抡镐挥锄开挖。

他们挥汗如雨，满怀信心苦干了四天，累得头晕目眩。可是谁也没想到，两米多深的长井里，除了粗粝的石块，就是泥沙，没看到一点泉水冒出来。大家气得臭骂秦周则，当场就把铁锹、锄头扔出老远。

年轻人情绪不对，申纪兰就为他们鼓劲儿："你们可千万不能灰心。俗话说，傻小子拾柴火，只认一条道。咱就做那个傻小子，认准了要找水源就死活都得找出来，这个地方不出水，换个地方接着干，西沟肯定会找出水源来的。"

转过身，她又安抚秦周则："你就更不用撂挑子了，西沟这里遍地是水源，只是咱还没发现罢了，咱不能泄气，得继续努力！"

大家的情绪总算稳定下来，申纪兰带着这支队伍在西沟附近继续找，继续挖，终于发现了两个麦秆粗细的泉眼，泉水汩汩，流淌不绝。劳累了这么多天，终于见到了清澈的泉水，大家兴奋得击掌庆贺，欢呼雀跃。

这时候，秦周则说："泉水倒是看见了，可是泉眼太小，据咱的经验，还得深挖，看见更大的泉眼，保准你们更高兴。"

大家纷纷跳下长井，继续挖刨。

忙活两天,碗口大的泉眼终于出现了,清冽甘甜的泉水哗哗地喷出来,长井里很快就蓄了半尺高的水。辛劳多日的民兵心花怒放,一个个在泉水中扑腾。

这个偏僻荒芜的水口,一小时能出六十担水,解决了村民们的吃水问题。这在大旱之年,可是轰动全县的大新闻,就连平顺县城里的老百姓也不顾路途偏远,跑到这里来挑水用。

一处水源就解决了这么多人的饮水问题,申纪兰觉得应该再接再厉,便又领着秦周则和青年民兵四处出击,寻找水源,果然在一些荒僻之地,又发现几处泉眼。这下子,连庄稼的灌溉也有了可靠的水源。大旱之年,西沟群众在申纪兰的带领下找到水源,实现了农业生产的大丰收。

劳动本色

劳模就是要劳动，不劳动，还叫什么劳模？

这是申纪兰真实的想法，从小到大，她始终保持劳动本色。

秋天，收获山药蛋的时候，申纪兰带领几个社员，赶着毛驴，从山上往村里驮运山药蛋。山路又窄又弯，崎岖不平。有几处陡坡，一边是林沟，一边靠山崖。毛驴走这段路，稍一颠簸晃动，驴背上的山药蛋口袋就可能掉进沟里。通常的做法是，赶牲口的人走在前头，回过头来，拦着牲口，一步一步倒退着慢慢挪动。

申纪兰的做法与众不同。为了确保平安通过，她和牲口并排走在一起，一手牵着牲口，一手护着口袋,牲口走在路内侧,自己走在危险的路边。这种走法虽然让口袋和牲口安全了,却增加了她自己的危险。

有人问:"纪兰,山药蛋重要还是人重要?你不要命了?"

她说:"山药蛋是集体的,人是自家的。"

为了集体的事情,申纪兰几乎到了忘我的程度。

有一次,她和社员们一起推土垫地,路滑坡陡,她摔倒了,车辕戳在她的腰上,她顿时疼得鬓角见了大汗。

大家把她扶起来,问:"伤到哪儿了?"

她摁着腰说:"戳了腰一下。"

"那你去歇歇,缓缓劲儿。"

"轻伤不下火线,没什么事。"申纪兰笑一笑,把两条毛巾接起来,在腰间紧紧一勒,又推起了手推车。

六月的一天,申纪兰正在地里干活,突然间乌云卷来,电闪雷鸣,她一看天气不对,边跑边大声喊:"都快去抢收麦子啊!"

她跑到麦地时，山洪已经下来。她不顾一切，赶紧往回搂小麦。

社员们纷纷赶来，下水抢收，终于保住了麦子。

西沟的冬天很冷，早早就下了几场大雪，一场比一场大。屋檐上挂着长长的冰凌柱，很长时间也化不了。申纪兰带着妇女们利用农闲运土垫地。

突然，哗啦一声，一大堆土塌下来，压住了申纪兰的腿。

妇女们赶快刨开土，把申纪兰拖出来。

牛五妞问："疼不疼啊，嫂子？"

"不疼。"申纪兰答。

牛五妞捏了捏申纪兰的脚，申纪兰不由得"哎哟"一声。

"怎么了？嫂子，崴了吧？"

"没崴，是冻了。"

"那怎么弄啊？"

"别吱声，我能扛住。"申纪兰说完，咬牙站起来，又抡起镢头去刨土。

牛五妞心想：当劳模不容易啊，纪兰这是不说吧？还能不疼？

这一年，运土垫地，干了一个冬天，直到开春才收工。

有个叫侯爱景的姑娘，她和申纪兰一起在三岔口垒岸搬石头，她就住在申纪兰家。她看到申纪兰总是拣大块的搬，还把石头紧贴在身上，不怕累也不怕脏。

侯爱景说："嫂子，惜点儿力气吧，你怎么也是个女人家！"

申纪兰说："不怕甚，我能行。"

侯爱景对这位劳模吃苦耐劳的精神，真是服了气。

申纪兰善于编歌，鼓舞士气。这次，她编了一首《修地歌》：

红彤彤的太阳，
蓝莹莹的水，
照耀着我们来修田。

不分女来不分男,

三百亩河滩要修完。

申纪兰劳动不怕累,并不是不累,她回到家,也是一头就倒在炕上,歇歇腰腿。后来,侯爱景回忆起和申纪兰一起劳动的情景,她说:"申纪兰劳动确实是很能出力气。看看现在人家的挖掘机、推土机,想想那时候受的罪,唉。"

即使是在那样艰苦的条件下,申纪兰也愿意在西沟劳动,而不想离开西沟去当什么官,她说:"我是农村的妇女劳模,根就扎在这里,说什么也不能离开土地。"

她常说:"没有在旧社会活过的人,很难理解我心中对党的恩情,也不会想到我们这个国家是怎么走过来的。我当这个干部就得为党,为国家,为人民服务,我还是那句话,你要有私心就不要当干部。你要当一名共产党员就要为人民服务,这个唯一标准就是你干的事情,哪个对哪个不对,才能总结出你自己一生到底是什么人,是为人民,还是为自己了,是一心向党,还是私心太重，最后的结果就在这个上边哩。"

这就是申纪兰，她很朴素，走路快，做事快，不讲多高深的话，却七十年不改本色，七十年勤勤恳恳，七十年艰难跋涉，诠释了一个共产党员对党的忠诚。

申主任的烦恼

一九七三年,山西省委的一纸通知让申纪兰为难了。山西省委要申纪兰去太原参加山西省妇联筹备会,并出任省妇联主任。

到底是走还是不走?申纪兰犹豫了。

"李顺达能出外工作,你为什么不能呢?"有人这样对她说,叫她很动心。

"你在农村是个好劳模,你去当妇联的领导恐怕不是个好领导,你的根在土里,离了土,接不住地气就拉倒了。"有人这样劝她,叫她很清醒。

经过反复考虑,她想通了一个理儿。组织的安排,不能不去,自己要听党的话。但有个底线,那就是不离开西沟,不脱离劳动。申纪兰打着这个主意，走马上任了。

两个月后，西沟的团干部小张到太原开会，去看望了申纪兰。

他在宾馆一见到申纪兰，有些吃惊，他看到她的脸肿了，手也肿了，忙问："怎了？病了？"

这么一问，申纪兰掉泪了，她说："没怎的，是不习惯，咱天天是下地劳动哩，弄不了这。"

小张在太原开了一个星期的会，差不多天天去看申纪兰。

开完会，他去向申纪兰辞行："你往家捎些什么吗？我开完会了，要回去。"

"我什么也不捎。你多会儿走呢？"

"下午的火车，票都买好了。"

"中午就在我这儿吧，说说话，歇歇。我去送你。"

小张回到西沟，专门去了趟申纪兰家，对她的婆婆说："我去太原开会，见着纪兰了。"

婆婆问："纪兰在那儿怎说？受罪不受？天可是一天比一天凉了，她走那会儿也没多穿件衣裳。"

小张说："不怕的，纪兰又不是个小孩，放心吧。"

走出大门外，婆婆还问："纪兰多会儿回来呢？这走了有俩仨月了。"

"快了，开完会就回来了。"小张说完，大步走了，不能再回头看那泪眼涟涟的婆婆。

四个月后，申纪兰回到西沟。

山西省妇女代表大会上，申纪兰当选为省妇联主任。当时省委给申纪兰准备了一套住房，她没要，只是在办公室里放了一张床。她说："谁没有住房谁要，我要回西沟了。这儿有个办公室就够住了。"

她和省委有六项要求：不领工资，不转户口，不定级别，不要住房，不调工作关系，不脱离农村。她说："我的户口在西沟，我的级别是农民。"

申纪兰向省委提出，妇联的日常工作由一位副主任主持，自己还是要回西沟劳动。她说："我向周总理保证过，要把西沟的荒山都绿化了，离开西沟，我还怎么绿化荒山？我说什么也不能离了土，我是那长在地里的庄稼，离了土就活不成了。我天生就不是坐办公室的人，非要叫我坐不行，把我也弄病了，把工作也弄塌了。"省委同意了她的要求，她又回到了西沟，投入田间地头的劳动之中。

从此，西沟人知道了：纪兰走了，那是要开会；纪兰回来了，那是会开完了。

省妇联的同志都知道，申纪兰到省妇联来开会或者工作，从不指手画脚，而是一大早就打扫楼道，拿拖布拖地。有人问："申主任，您怎么能干这？"她回答："动弹惯了。"

申纪兰是省妇联主任了，但还是不脱离基层，不脱离劳动。她回到西沟，和当年出国回来一样，上午到家，下午就下地劳动，该垒坝垒坝，该垫地垫地，仍然是那样下力气。她没把自己摆在什么省厅级领导的位置，西沟人也觉得她还是西沟的那个申纪兰。如此，长达十年。

申纪兰的"六项要求"，是件轻而易举的事吗？显然不是。这是她牺牲了个人和家庭的巨大利益而做出的选择。

亲人

申纪兰说:"这一辈子,党给了我很多荣誉,我放在心上,背在肩头,有时也问问自己,其实很多事情都没有做,有的做了也没有做好。毛主席说,一个人做一件好事并不难,难的是一辈子做好事。在村里,大家谁有了病,谁受了伤,都来找我,我也不是每件事都能帮上忙,能做我就做,不能做我也硬着头皮去做。"

一九九二年,张建荣盖房摔断了腿。

他媳妇找到申纪兰,见面就哭:"快救救我男人吧!"

那时候,没有小轿车,也没有救护车,村里就有辆拉农具的拖拉机,申纪兰赶紧用它把张建荣送到市医院。医生已经下班，申纪兰就到处找医生。医生认得申纪兰，赶紧换上白大褂，给病人查验伤情，动了手术。

申纪兰在医院守了一夜，病人确实没事了，她才赶回西沟村，帮他筹措治病的钱。

村里有个妇女，吃不下东西，去小诊所看过，大夫说她是食道癌，人一下子就垮了。

她愁眉苦脸找到申纪兰，说："纪兰啊，带我去林州，大夫说那里的医院能治。"

林州离西沟好远呢，在河南省。申纪兰安慰她："你别急，咱先到长治的大医院检查检查吧。"

那妇女有些不放心，说："要是长治不行，咱还得去林州。"

申纪兰带她找到最好的医生，是一位科室主任。

医生认得申纪兰，一见面就说："哎呀，老大姐，你又是为人民服务呢！"

经过检查，那妇女患的不是食道癌。医生给她开了对症的药，服用几天，病情就好转了。

治好了病,那妇女心情舒畅,跑来感谢申纪兰,握着她的手,眼泪都下来了,一个劲儿说:"你真好,你真好!"

申纪兰说:"你要感谢就感谢共产党,要不是共产党教育我,我就不能这么好。"

村里有个叫张买女的聋哑人,是西沟村最后一名"五保户"。他老早就没了父亲,一直与寡母相依为命,年轻时很能吃苦,心灵手巧,又不惜力气,却只听母亲的指派,别人的话一概不听。在西沟修坝植树的年代里,是母亲每天把他带在身边去参加集体劳动。母亲病逝后,他便再也不愿下地干活了,谁叫他,他就跟谁干仗。大家可怜他,从此便由着他去,任他每天背着手满世界闲逛,逛累了,就坐在南墙根晒太阳。还不到四十岁,他就成了"五保户",由集体供养。

他每月都准时背上布袋,去找保管员要粮。包产到户后,社里没了粮食,他的生活面临困难。这时候,申纪兰来到张买女身边,就像慈母一样,对比她仅小几岁的张买女给予了无微不至的照顾,为他孤苦的生活送去了真情。看他没粮了，便打发人买来，并亲自给他背去。看他衣服、被子脏了破了，就亲自为他拆洗缝补。看他病了，就为他找医送药。申纪兰自己铺着打了补丁的床单，却把家里的一条新床单拿去给他铺上。申纪兰自己不一定每年都要置办件新衣服，却一定为他买一身新外套，买一双新布鞋。每次出外开会回来，申纪兰都要把给婆婆买的食品分一些给他送去。

张买女竟一改旧习，顺从地接受了申纪兰对他的所有帮助。他在村里只听申纪兰一个人的话。她给他比画个手势，让他干什么他就干什么。

后来，张买女身患疾病，行动不便，常常懒得做饭。申纪兰在家时，就隔几天给他挑一担水，每天的两顿饭都是在家做好了给他端过去，婆婆吃什么，就给他吃什么。要出门了，申纪兰就一定会把他的水缸挑满，并把家里蒸下的馍拿过去。

张买女病危，申纪兰用板车把他拉到乡卫生院。

那天下午，生命已到了最后时刻的张买女，

在几次呼吸将止时又苏醒过来，翕动嘴唇，像是要说什么，无神的目光紧紧地盯住身旁的医生，流露出焦急的神色。一辈子没开过口的人，难道要说话了吗？医生赶紧找来申纪兰。

申纪兰站到床前，张买女终于安静下来。他没能说出任何话，毫无血色的脸上只是泛着淡淡的笑意，然后，安详地合上了双眼。

把张买女拉回他家小院后，申纪兰开始为西沟这最后一名"五保户"老人忙碌起来。先给他细心地剃了头，洗了脸，再把早几天为他置办的寿衣一件件穿好，接着就筹办丧事。有儿有女的怎么办，就给他怎么办。

乡亲们都被申纪兰的真情所感动，纷纷买了祭品，去为非亲非故的死者吊丧，并留下来帮忙，上山挖墓地的，烧火做饭的，迎候客人的，能做什么就做点什么。张买女沉寂了几十年的小院，顿时人来人往，喧闹起来。

申纪兰雇了辆手扶拖拉机，上县城给张买女买棺材。一口质量上乘的松木棺材买好了，抬到拖拉机上，走出很远的路了，才发现忘了带绳子，怕车厢震动，棺材滑掉，申纪兰就爬上车箱，张开双臂，稳住棺盖，一直运回了西沟村。

就是这样，申纪兰始终把群众的事当成自己的事，不是亲人胜似亲人，时时处处倾洒自己的关爱。申纪兰朴实动人的品质，折射出中华民族古老文明的不灭之光。

金钱与浮云

世界上有不爱钱的人吗?有,申纪兰就是其中一个。

一九八七年,西沟村开始筹建铁合金厂,南方的一个推销员找到申纪兰,推销铜线。申纪兰知道铁合金厂需要买一些铜线,可是一问价格,高得惊人,便不买了。

推销员说:"只要按照这个价格买下,给您百分之三十的回扣。"

申纪兰坚决地说:"那更不能买。"

推销员以为申纪兰嫌回扣少,就掏出一个装得满满的信封,还递上一块进口手表,微笑着推到申纪兰面前。

看到信封里装的是钱，申纪兰马上板起脸孔："不要来这个，你走吧，不能和你这种人打交道。"

"现在都是这样的。"推销员再一次笑着给申纪兰推过去。

"谁说的？我就不这样。"

推销员没招了，最后压价百分之四十，把铜线卖给了西沟。

十几天后，申纪兰收到了一封来自南方的信，是推销员写来的。信中写道："您才是一名真正的共产党员。"

一九九七年，省里拨专款给申纪兰配备了一辆桑塔纳小轿车。她觉得自己用不着专车，不需要浪费国家物资，就一直没去省城提车。直到两年后，省里的干部捎话说，小车快要涨价了，不赶紧提车，涨价的钱就不好解决了。乡里和村上的干部意见一致，都动员她先把小车提回来再说，申纪兰觉得大家的话也在理，为了不让省领导再操心，她答应先把车提回来。

车提回来后，村委会便开始商量给她配司机

的事。申纪兰坚决反对，崭新的轿车被锁进了乡政府的车库。几个月后，大家又跟申纪兰说，小车和锄头、铁锹不一样，长时间不活动会放坏的，这才终于把申纪兰的心给说活了，她也觉得老把车锁在车库里不叫回事，便答应村委会先临时找个人开车，不要配专门的司机，并且再三嘱咐村委会领导，车是让集体使用的，有个原则，不能用车办私事，谁用车谁掏钱加油。

规矩立了没几天，申纪兰的侄女正要出嫁，小叔子亲自找她要用车送亲。

申纪兰说："车我倒是有，可我不会开。"

小叔子知道嫂子说这话的意思，一转身就走了。

这么多年了，小叔子心里清楚，嫂子做什么事都是严格要求自家人，立规矩都是先从家人亲戚开始，这也正是申纪兰深受群众爱戴的原因之一。

二〇〇一年六月，申纪兰被全国保护母亲河行动领导小组授予"母亲河奖"，奖金两万元。申纪兰回来后，正赶上村里打井，缺少资金，就把两万元捐出来用于打井。同年七月一日,申纪兰被党中央表彰为全国优秀共产党员,她又把中共中央组织部奖励的五千元现金一分不少地交给了集体。

在申纪兰眼里,金钱犹如浮云。她连自己口袋里的钱都用到了老百姓身上,怎么还会拿不义之财呢?申纪兰对待金钱有自己的看法:金钱就像水一样,缺了它会渴死,贪图它会淹死。

生活中的申纪兰是清贫的,但她又是富有的。在她的带领下,西沟村由一个落后的山村变成农林牧工商游全面发展的现代化新农村。二〇〇〇年,西沟村成为平顺县首富村。她的家里珍藏着她同许多党和国家领导人的珍贵合影,还有十几年来获得的一摞摞荣誉证书,这些珍贵的纪念,又是多少金钱能换来的呢?

芝麻开花节节高

一九五四年九月,第一届全国人民代表大会在北京召开,一千二百多名全国人大代表到京开会。申纪兰和西沟村的李顺达一起当选为全国人大代表。当时的她才二十多岁,梳着两条长辫子。

她回忆说:"我们神圣地投了毛主席一票。投这一票时,我连话也不敢说,我就是把那个圈画得圆圆的,大大的,严肃地投到票箱里头。"

从一九五四年的第一届全国人民代表大会,到二〇一八年的第十三届全国人民代表大会,新中国走过了一条充满理想、充满探索、充满奋斗的发展道路。申纪兰作为唯一一位连任十三届的

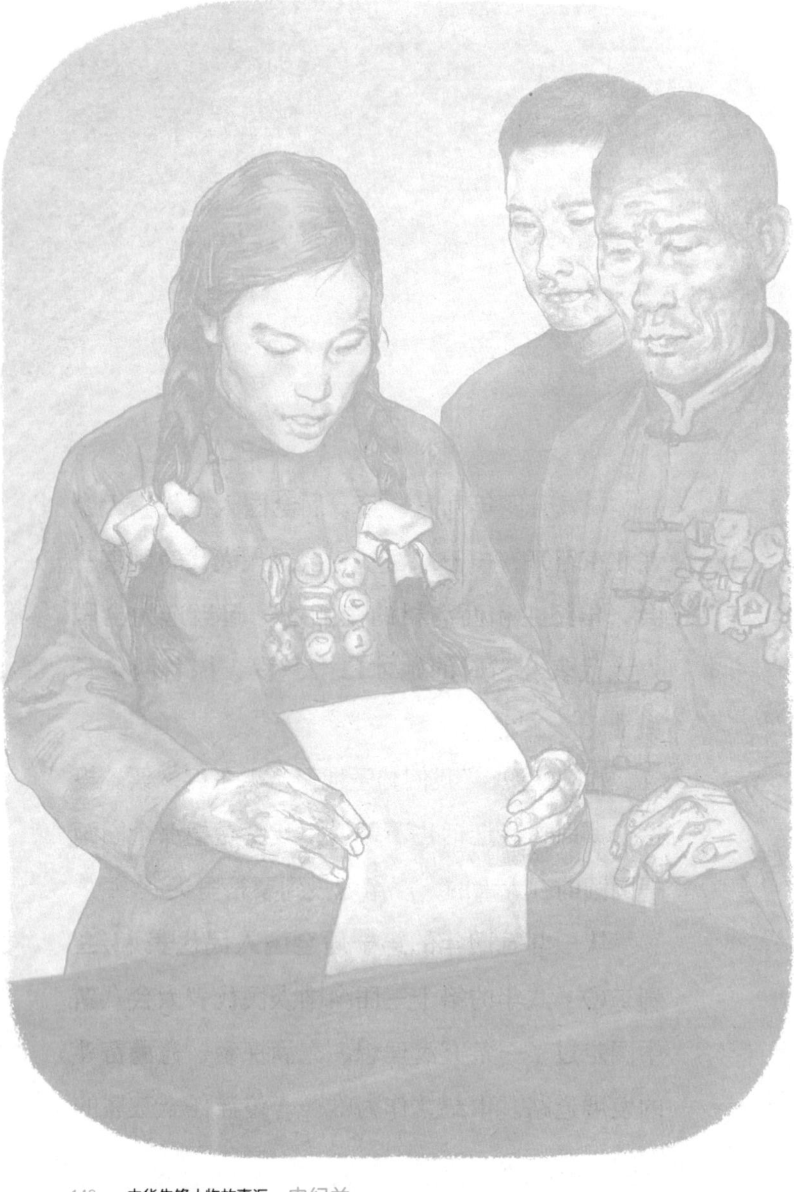

全国人大代表，也由一个充满朝气、梳着两条大辫子的女青年，成为饱经风霜的老人。

参加第一届全国人民代表大会时，申纪兰住在北京的一家小旅馆，房间只有四平方米，现在早就找不到那家旅馆了。她说："我不仅见证了北京的变化，更见证了历届人大的变化。"说到全国人民代表大会最大的变化是什么，申纪兰的脸上忽然放出希望的光芒，她说："要说变化，最大的变化是代表中年轻人多了，知识层次高了，素质高了。那么多大学生、研究生、留学生，这是从来没有的。特别是妇女代表更是人才辈出，有女部长、女书记、女专家、女教授，一个赛一个能干。"

谁也无法想象，申纪兰参加第一届全国人大时很多字都还不认识，后来的申纪兰能读书、看报、阅读文件了，特别是外出做报告，她讲得层次分明，重点突出，甚至向全国人大提建议，都是亲自执笔。申纪兰面带微笑地说："人民代表是代表人民的，现在人民的知识水平普遍提高了，当代表的知识水平要是不提高，就代表不了人民了。"

人民代表就要代表人民，代表人民说话，代表人民办事。申纪兰是这样说的，也是这样做的。六十多年来，申纪兰提出的有关系国计民生的大事，也有涉及广大群众利益的小事，究竟提了多少，她自己也记不清了。现在，虽然农民吃饱了，穿好了，但是经济还不富裕，如何让每个农民都富起来，过上小康生活，是申纪兰多年来一直向全国人大反映的问题。

申纪兰有句名言："要想红旗飘万代，重在教育下一代。"她先后担任了山西大学、山西师大、长治学院、平顺中学等二十余所大中小学的校外辅导员，先后做过几百场传统教育报告。

有一次，在学校了解到青少年进网吧，影响了身心健康，她心急如焚。青少年是民族的未来，如果他们在心智还不成熟的时候，就在黑网吧中遭受荼毒，将来何以担负民族伟大复兴的重任？怀着全国人大代表的崇高责任感，申纪兰认真调查研究，了解了不少深受其害的孩子的家长的意见，一方面向管理部门、教育部门反映，一方面在全国人大会议上发言时提出。在第十届全国人大二次会议上,她提出了限制未成年人进网吧的议案,得到中央有关部门的重视,并对网吧进行了重点整治,还给青少年一片纯净的成长空间。

群众生活中的小事,只要找到申纪兰,她总是尽力而为。这么多年来,她那简陋的家早成了群众接待室,每天都有人来访。甚至还有人从吉林、辽宁、天津、浙江等地不远万里来找她,反映问题,申纪兰总是尽力相助。她说:"大家这么信任我,我没有理由不尽职尽责。"

六十多年来,人民代表大会制度不断前进,申纪兰也不断与时俱进,从植树造林、打坝造地、科学种田,到带领西沟村建起乡镇企业,开发红色旅游,西沟村正在变成和谐、富裕、美丽的新农村。申纪兰对西沟村有个远景规划:山上绿油油,牛羊满山沟,走路不小心,苹果碰着头。如今,全村户均三十亩林坡,西沟的山已经成为一座"绿色银行"。

回顾人民代表大会制度,面对西沟村改革开

放以来取得的新业绩,申纪兰感慨万千:"真是变化太大了,我每年到北京开会,总感觉到是芝麻开花节节高,一年更比一年好。"

幸福花

二〇一九年九月二十九日,即将迎来共和国七十华诞之际,国家勋章和国家荣誉称号颁授仪式在北京隆重举行。

申纪兰是共和国勋章获得者。首批的八位共和国勋章获得者里,有科学家,有战斗英雄,还有诺贝尔奖获得者,只有申纪兰是个普普通通的农民。她是当之无愧的国之栋梁,是我们这个时代最该追的偶像!

这天上午,共和国勋章和国家荣誉称号获得者,从京西宾馆出发,他们乘坐的车辆在国宾护卫队的护卫下,沿着复兴路一路东行,前往人民大会堂。车队到达后,青少年代表手捧鲜花欢呼着迎接，礼宾员托枪向他们行注目礼。这些都是国家的至高礼仪。

上午十点，在人民大会堂金色大厅内，颁授仪式正式开始，中共中央总书记、国家主席、中央军委主席习近平与共和国勋章和国家荣誉称号获得者同时入场。在雄壮激昂的《向祖国致敬》乐曲声中，习近平为共和国勋章和国家荣誉称号获得者颁授勋章奖章。

这一年，申纪兰已九十高龄。长年在田间劳动，锻炼出她健壮的身板。她迈着稳健的步伐，登上颁奖台，和习近平总书记握手。

习近平在讲话中说："崇尚英雄才会产生英雄，争做英雄才能英雄辈出。党和国家历来高度重视对英雄模范的表彰。今天我们以最高规格褒奖英雄模范，就是要弘扬他们身上展现的忠诚、执着、朴实的鲜明品格。"

面对荣誉，申纪兰幸福地笑了，她说："我是个普通的劳动妇女，从小就爱劳动。我父亲走得早，留下娘和我们三姐妹，家里没有劳力，生活难过。五六岁我就开始帮家里干活，送饭、拉牲口、拾柴火、拾粪，反正能干甚就干甚，手脚不停着，劳动倒成了脱不开手的习惯。"

申纪兰是中国劳动妇女的一个传奇，艰苦奋斗的一面旗帜。七十多年，她始终不改劳动本色，她尝到了劳动的甜头，是勤劳的汗水让昔日贫瘠的西沟村绽放出了幸福的花朵。

纪兰精神

二〇二〇年六月二十八日,山西普降大雨。全国人大代表、共和国勋章获得者申纪兰,永远离开了她深爱的这片故土。

申纪兰查出患病的时候,是二〇一九年年底,孙子张璞第一时间跑到医院看望她。看到奶奶的第一眼,这个被申纪兰评价为懂事、乐观的孙子,赶忙跑出病房,差点儿没控制住自己的眼泪。再转身进去,他对奶奶说:"你这回要好好听医生的话,好好治疗。"申纪兰冲他摆摆手,说:"我没事,你好好上你的班。"

过完年,村里的造林合作社负责人去看望申纪兰。去的时候就像要考试一样,有些紧张,因为申纪兰是造林方面的行家。果然,申纪兰问他:"你去年说要弄的苗圃,弄了没有?苗子育了没有?"现在,苗圃里的苗已经长出来,可是要检查作业的那个人,已经走了。

四月二十二日,长治市召开"两会"。当时,申纪兰的身体状况已经很差,身边的工作人员张娟劝她:"开会地点在三楼,又没有电梯,上下不便,请假也是可以的,大家都能体谅。"申纪兰狠狠地训了她。她说:"咱走得慢,那就要早到会场。"

五月十四日,西沟村老支书王根考去医院看望申纪兰。申纪兰强撑着身体坐起来,一把抓住他的手,一直询问村里的事情。怕耽误时间太久影响老人休息,王根考几次起身要走,都被申纪兰留住。王根考去年做过大手术,是申纪兰帮他联系的医院,他回来后,申纪兰还专门去看望他。眼前的场景仿佛对调,病床上的申纪兰冲他笑了笑,说:"我没事。过了这个劲,我还要回去。"

五月十八日,就要进京参加全国人民代表大

会了,申纪兰像是知道了什么似的,执意要回西沟村看一看。那是纪兰精神播种的地方,是她魂牵梦绕的故土。村里临时组织了座谈会。会上,人们印象最深的一句话就是:"团结一致,好好发展!"村里人记得,申纪兰反复说了两遍,声音依然那么充满力量。

"两会"期间,申纪兰因身体不适,住院治疗,未能亲临会场参加闭幕式。大会闭幕那天,她在医院里没有午休,早早从病床上起来,打开电视,准备收看闭幕式。她把自己的白衬衫穿上,再穿上自己的黑西服外套,把代表证认真地佩戴在胸前。那天下午,申纪兰没有多说话,眼睛一直盯着屏幕看。无论走到哪里,申纪兰都很珍爱代表证。在她看来,代表证不是一张证件,而是一种责任。申纪兰以此方式,结束了她六十多年的全国人大代表生涯。

陪伴在老人身边的张娟,深知申纪兰的原则。两人出去开会的时候,主办方总为她们准备两个房间,但每次申纪兰都拒绝:"不要浪费那个钱,我们俩人住一间就行。"有一次,房间里的苹果放坏，一半已经烂了，老人让张娟把好的一半吃掉，自己背着张娟吃那坏掉的一半。张娟后悔不已："有时候我都觉得，她的胃病就是因为吃得不对付。她最见不得浪费粮食，每次吃饭都要逼着我吃完。"

六月二十七日早上四时，弥留之际，申纪兰把西沟村党总支书记叫过去，一句一句嘱咐着："我不行了，我的副书记位置，要尽快补起来，西沟村的摊子铺开了，要一件一件踏实办，西沟的今天是党中央和各级党委政府帮助的，不要让它塌台了。记住，要艰苦奋斗，一分钱掰成两半花。穷家难当，能省一分是一分，钱攒多了就能办成事！"

申纪兰是农民代表，生活在农村，关心着农民。西沟村是干石山区，土地都是申纪兰带领村民一担一担挑土垫成的，所以她特别爱惜土地，爱惜粮食。种田劳作，申纪兰也坚持到最后。二〇一九年秋天，申纪兰仍坚持自己下地收割那半亩地上的玉米。她总说，种地和做人一样，人哄地皮，地皮哄肚皮。

村里人知道申纪兰不忍心让土地荒废，二〇二〇年开春，主动帮她种了玉米。老人去世后，人们走进西沟村，看到那半亩地上新长出来的玉米秆，比旁边地里的要高一些，颜色更亮一些。风过叶动，它们似乎在等待主人的归来。